되돌아보고 쓰다

가난한
이들을 위한
민주주의

되돌아보고
쓰다

안진걸 지음

북콤마

가난한 이들을 위한 민주주의
The democracy for the poor

사람은 세상에 내던져진 순간부터 끊임없이 세상과 사랑하고 불화하고 또 소통하면서, 실존의 조건인 세상과 사회에 맞서 싸워 나가는 존재라는 사르트르의 앙가주망 철학은 지금도 매우 매력적입니다. '실존이 본질에 우선한다'는 실존주의 철학의 고색창연한 명제도 내 마음을 여전히 설레게 하고요.

나도 그랬습니다. 인간이 무엇이고 생명이 어떠한지 말하기 전에 이 땅의 생명과 인간에 그냥 관심이 가고 연민이 생기고 함께 연대하는 습관이 생겼습니다. 세상을 분석하고 사회를 해석하는 일도 의미가 있지만(한 연합뉴스 기자는 나를 '사회분석가'라는 명칭으로 불렀지만) 나는 한 사람의 실존으로서 같은 사회를 사는 또 다른 실존들에게 연민과 연대의 마음을 가진 소박한 이웃일 뿐입니다.

그런데 수없이 많은 이웃들이, 분단에 처한 겨레가, 더 멀리는 인류의 상당수가 여전히 가난과 질병, 전쟁과 폭력, 독재와 학정에 신음하는 모습이 자꾸 눈에 보였습니다. 자연스레 학생 시절엔 학생운동과 학생회 활동에 관심을 가졌고, 사회에 진출해서는 시민사회 단체에 들어가 시민사회 운동에 뛰어들게 됐습니다. 그러다 대규모 촛불 집회들에서 실무를 맡아 힘도 보태고, 드디어 인생의 최고의 행복이자 보람인 2016·2017년 촛불 시민혁명에도 적극 참여하게 됐습니다. 나는 이 자리에서 민주주의와 촛불 혁명에 대해 이야기해보고 싶습니다.

작가 조정래는 소설 〈태백산맥〉에서 한반도 역사와 민초들의 신산한 삶을 '한의 모닥불'로 집약해 표현한 적이 있습니다. 그동안의 역사는 민초들의 한이 한강에 모이고 바다를 이룬 '한의 물줄기'라 해도 과언이 아닐 겁니다. 하지만 중요한 것은 한의 모닥불이나 물줄기가 아닙니다. 한 맺힌 세월을 뒤집기 위해 끈질기게 대항해온 우리 국민들의 '저항의 모닥불' '투쟁의 물줄기'가 있었기에 지금의 대한민국과 민주주의가 가능하지 않았을까요.

많은 국민들은 핏빛 5월과 뜨거운 6월이 오면 가슴이 한없이 부풀어 오릅니다. 5·18 광주민중항쟁의 처절한 투혼과 1987년 6월 항쟁의 뜨거웠던 함성이 동시에 되살아나 역사의 조울증을 겪기도 합니다. 돌이켜보면 4·19에서 부산·마산 민주항쟁(부마항쟁)과 5·18로, 5·18에서 6월 민주항쟁으로, 6월 민주항쟁에서 노동운동과 시민사회의 발전으로, 2008년 대규모 촛불 항쟁을 포함해 이명박·박근혜 정권 내내 이어온 대항까지. 그렇게 면면히 이어온 민초들의 저항의 역사가 있었기에 촛불 시민혁명이 가능했던 것입니다.

2016년과 2017년을 지내온 국민들 모두는 그 여섯 달 동안 타올랐던 촛불 집회를 앞으로도 두고두고 이야기하지 않을 수 없을 것입니다. 그렇다면 무엇이 촛불 시민혁명을 가능하게 만들었을까요? 민주주의와 국민주권의 회복을 바라는 국민들의 뜨거운 열망이 위대한 변화를 만들어냈을 것이고, 동시에 서민·중산층과 노동자·농민·중소상공인들도 열심히 일하면 먹고살 수 있는 공정하고 따뜻한 사회에 대한 희망과, 재벌·대기업·특권층·부동산 부자들만의 나라가 아닌 대다수 국민들을 위한 정의로운 나라를 바라는 간절한 기대가 범국민적인 항쟁으로 승화됐기에 가능했을 것입니다.

지금도 촛불 시민혁명은 계속되고 있고, 한국 사회의 발전과 세계적 차원의 민주주의 발전을 위해서도 계속되어야 합니다. 실제로 촛불 시민혁명은 다섯 가지 의미에서 여전히 현재 진행형입니다. 첫째 박근혜 탄핵과 구속을 넘어 박근혜 정권에서 온갖 불법 행위와 악행을 저지른 이들에 대한 진상 규명과 심판이 끝나지 않았으며, 둘째 이번 사태의 공범이자 지난 정권의 적폐 중 하나인 재벌의 뇌물 범죄와 특혜, 정경 유착에 대한 심판과 개혁 역시 끝나지 않았으며, 셋째 양극화와 민생고를 해결할 좋은 정책이 아직 실현되지 않았고, 넷째 한국 사회의 안정성·공공성이 더욱 확장·확보돼야 하고, 마지막으로 공직 사회를 근본적으로 바로 세우는 개혁(검경·감사원·사법 개혁 등)이 반드시 실현돼야 합니다. 그때야 비로소 이번 촛불 시민혁명이 완수되었다고 할 수 있을 것입니다.

우리의 민주주의는 촛불 시민혁명으로 완성된 것이 아니라 그 절반의 승리를 넘어 완벽한 민주의 승리를 향해 더욱 치열히 나아가야 합니다. 부당한 권력과 재벌 범죄를 민중이 응징하는 것을 넘어 민중의 생존이 보장되는 민생민주주의, 평화가 넘쳐나는 평화민주주의로 나아가야 합니다. 이를 위해 우리 사회는 양극화와 민생고가 타파된 '가난한 이들을 위한 민주주의the democracy for the poor'를 구현하는 데 집중해야 합니다.

미국의 링컨 대통령은 1863년 11월 19일, 남북전쟁의 격전지인 펜실베이니아주 게티즈버그에서 "국민의, 국민에 의한, 국민을 위한of the people, by the people, for the people 정부는 지구상에서 사라지지 않을 것이다"라는 명연설을 남겼습니다. 이 말은 전 세계 민주주의를 상징하는 표현이 되었습니다. 그런데 19세기의 이 명제가 21세기 한국 사회와 세계에서 제대로 실현되고 있는지 깊은 성찰이 필요해 보입니다. 이제 우리의 민주주의는 '국민의, 국민에 의한, 국민을 위한' 민주주의를 넘어 '가난한 이들의, 가난한 이들에 의한, 가난한 이들을 위한of the poor, by the poor, for the poor' 민주주의로 나아가야 합니다. 동시에 '평화의, 평화에 의한, 평화를 위한of the peace, by the peace, for the peace' 민주주의가 함께 실현된다면, 나는 그것이 가장 이상적인 민주주의, 더 좋은 민주주의, 그리고 지속 가능하면서도 강한 민주주의라고 확신합니다.

이 책은 내가 30년 가까이 시민사회 운동(학생회와 학생운동까지 포함해)에 참여하는 동안 겪은 일과 투쟁해온 내력을 묶은 것입니다. 언론에 기고한 글도 있고 최근에 생각을 정리한 글도 있습니다. 처음 책을 내다 보니 그 작업이 만만치 않았습니다. 바쁜 일정 속에서 시간을 쪼개 글을 다듬고 정리하는 일이 무척 힘들었습니다. 이 책이 세상에 나올 수 있었던 것은 늘 좋은 책을 세상에 내놓는 것을 천직이자 보람으로 느끼는 북콤마 출판사 덕분입니다. 정말 고맙습니다. 그 누구보다 시민사회 일원으로 그 나름 치열히 살아가도록 큰 힘이 되어주고 응원을 아끼지 않은 우리 가족에게 사랑의 인사를 올립니다. 화순초, 화순중, 광주 인성고, 중앙대, 경희대 NGO대학원, 우리건설, 희망제작소, 참여연대, 시민사회단체연대회의, 박근혜정권퇴진 비상국민행동, 2016 총선시민네트워크, 민생경제연구소 등에서 '살며, 사랑하며, 배우며, 실천하던' 시절에 만난 수많은 선후배와 벗들에게 이 자리를 빌려 깊은 감사의 마음 전합니다. 또한 너 좋은 세상, 디 나은 시회를 위해 늘 서로 응원하고 격려하는 임계 모임, 이화 모임, 진우회 모임, 진실을찾는사람들의모임, 가객동호회 모임, 전대협91학번 모임의 발전과 건승을 빕니다.

마지막으로 이 책을 내도록 격려하고 부족한 책에 멋진 추천의 글도 써준 박원순 서울시장, 최승호 MBC 사장, 장항준 영화감독에게 신뢰와 감사의 마음을, 이제는 다른 곳에서 일하지만 그래도 늘 고맙고 그리운 참여연대의 임원과 회원, 간사들에게 고마운 마음을 전합니다.

2018년 8월 민주·민생·평화의 희망을 염원하며

안진걸 씀

제1부 15

제 1부

안진걸이
되돌아본
안진걸

무엇을 할 것인가? 어떻게 살아야 할 것인가? 고등학교 2학년 때부터 시작해 대학에 들어가서는 본격적으로 물었으니 그런 고민을 한 지 벌써 30년이 되었다. 여전히 나는 지금도 무엇을 할 것인지, 어떻게 살 것인지가 어렵고 무거운 과제로 느껴진다. 분명한 것 하나는 생각한 대로 살지 못하면 사는 대로 생각하게 된다는 것이다. 그래서 오늘도 나는 무엇을, 어떻게 하며 살 것인지 고민하고 성찰한다. 한 시인은 '참 좋은 사람은 그 자신이 이미 좋은 세상이다'라고 했는데, 좋은 사람은 되지 못할망정 부디 나쁜 사람은 되지 말자고 다짐하며 하루하루 살고 있다.

올해는 내게 무척 중요한 해가 되고 있다. 20년 가까이 일했던 참여연대를 완전히 사직했기 때문이다. 원래는 2월 말 참여연대 사무처장 임기가 끝나자마자 참여연대를 그만두려 했는데 '다스 비리 재수사'와 '이동통신 요금 원가 공개 소송' 등 큰 현안도 있었고, 또 바로 그만두기가 참여연대에 인간적으로도 죄송해서 늦어졌다. 그런 와중에 3월 MB가 구속되면서 2016년 10월부터 시작된 촛불 혁명이 비로소 완결됐다는 생각이 들었다. 4월 12일엔 '통신비 원가 공개 소송' 대법원 판결이 나왔다. 이동통신 서비스를 공공재를 활용한 공공 서비스이자 국민 필수품으로 규정하고 이동통신 3사에게 통신비 원가 산정 자료를 공개해야 한다고 판결했다. 다음날인 4월 13일 '사랑하는 참여연대에겐 너무나 미안하지만 이제는 참여연대 밖에서 또 다른 일을 시작해야 한다'는 마음으로 담담히 참여연대 문을 나섰다. 회자정리라고는 하지만 마치 사랑하는 이들과 헤어지는 것처럼 많이 슬펐다.

참여연대를 그만둔 지금도 하루 일정이 대여섯 개씩 있다. 여전히 점심을 거를 때가 있고 저녁은 늦게 먹는 편이다. 참여연대에서 활동하던 지난 18년 동안 하루 평균 5시간밖에 자지 못했다. 밀린 잠을 한번 원 없이 자고 싶다. 그동안 새벽 3시에 자면서도 언론에 보도자료를 보내려면 오전 6~7시에는 일어나야 했다. 2014년 8월 이후부터는 세월호 추모 집회, 백남기 농민 집회, 박근혜 정권의 부정의에 대항하는 촛불 집회 등에 꾸준히 참가했고, 2017년에는 사드 때문에 김천과 성주에 여섯 차례 내려갔다. 용산 화상경마장 반대 집회, KBS·MBC 공영방송 정상화 집회 등에도 꾸준히 관심을 갖고 참여했다.

상지대 초빙교수, 성공회대 외래교수, 경희대 후마니타스 칼리지 강사로 강의도 하고 있다. 또 여러 라디오 프로그램에 출연해 민생 이슈를 이야기한다. 최근 경제민주화와 사회 정의를 함께 추구하는 모임인 민생경제연구소를 여러 뜻있는 전문가들과 함께 만들었다. 민간 싱크탱크와 시민 행동을 결합한 모임으로, 수구·기득권 세력의 특혜와 횡포, 온갖 불법행위를 감시하고 대응하는 일을 병행하고 있다.

처음으로 큰 집회에 참여해본 것은 중학교 3학년이던 1987년 고향인 전남 화순에서였다. 모든 소식은 대처인 광주에서 너릿재 고개를 타고 넘어왔다. 초등학교 2학년이던 1980년 5월 광주 시민군들이 "김대중을 석방하라, 전두환은 물러가라" 외치며 화순으로 넘어오는 것을 목격했다. 화순 군민들이 그들을 위해 음식을 나르고 서로 다독이는 모습은 지금도 잊히지 않는다.

그 후 광주에서 고등학교를 다니던 중 시위를 접하게 됐다. 수업을 마치고 화순 집으로 돌아가는 길에 남총련(광주전남총학생회연합) 학생들의 시위로 도로가 막혀 차가 오도 가도 못 하게 됐다. 차에서 내려 걷다가 자연스레 시위대와 결합했다. 고등학생이어도 좀 아는 것은 있어서 "1980년 5월 광주 시민 학살 주범 군사정권 타도하자"를 따라 외치며 백골단 진압 부대를 향해 돌을 던지는 시늉이라도 했다. 광주와 전남 지역에선 시위 때문에 차가 막힌다고 해서 시위대를 욕하는 시민은 거의 없었다.

대학 다닐 때는 소박한 운동권이었다. 작은형이 노태우 정권 퇴진 운동을 하다가 구속된 적이 있는데, 부모님이 그 모습을 보면서 너무 힘들어했다. 내가 한겨레신문을 보고 있으면 뺐으면서 "제발 이 신문을 보지 마라"고 할 정도였다. 그런데 1991년 4월 26일 당시 등록금 인하 및 총학생회장 석방 촉구 시위를 하던 명지대 1학년 강경대 학생이 경찰 백골단의 쇠파이프에 맞아 숨지는 일이 벌어졌다. 전국 91학번들에게는 잊을 수 없는 사건이다. 5월, 6월 내내 전국 대학에서 동맹휴업이 이어졌고 그때부터 학생운동에 뛰어들었다. 나 몰라라 할 수는 없었다. 이후 총학생회 회장은 아니지만 법과대학 학생회장으로 활동하면서 학창 시절 내내 학생회를 사랑하는 청년이었다. 1995년 법학과 MT 때 학과 선배인 이재명 경기도지사가(당시 인권변호사로 활동 중) 신고 있던 구두에 소주 한 병을 전부 따라주며 '원 샷'을 시켰던 아찔하면서도 정겨웠던 기억이 난다.

1995년 전두환·노태우 구속 촉구 시위, 1996년 군 복무 중 휴가 나왔다가 참여한 연세대 범민족대회(김영삼 정권이 해산하려는 학생들을 무리하게 막고 강제 진압하면서 벌어진 참상을 똑똑히 보았다)를 잊을 수 없다.

1998년 12월 대학 졸업을 앞두고 참여연대를 찾아갔다. IMF 외환 위기가 한참이던 당시 대규모 실업과 노숙, 자살 등 수많은 가정이 파탄 나는 모습을 봤다. 그때 한 나라의 정권이 국민을 보호하는 게 아니라 나라를 말아먹을 수도 있다는 사실을 깨달았다. '이 사회는 하나도 안전한 게 없네'라고 생각했고 민중을 위한 사회복지 활동을 해야겠다고 다짐했다.

처음에는 대학 졸업 후 당시 전국 최대의 재야 조직인 '전국연합(민주주의민족통일전국연합)'에 들어가고 싶었다. 하지만 경제적 여건이 보장되지 않았다. 집이 가난했고 부모님의 고생이 심한 상황을 차마 외면할 수 없었다. 아버지는 광부를 하다가 화순 탄광이 기울어지면서 장사도 하고 경비 일도 했다. 졸업하면 부모님에게 한 달에 20만 원씩 드리기로 약속한 게 있었다. 고민을 하다가 월급 25만 원을 주는 참여연대로 갔다. 당시 부모님에게는 100만 원씩 받는다고 말해놓고 5만 원으로 몇 달 살았다. 그렇게 1999년 1월부터 참여연대 시민권리국 간사로 일했다. 박원석 전 정의당 의원이 당시 무서우면서도(?) 자상한 시민권리국의 선임 간사였다.

참여연대 상근자로 근무하면서 본격적으로 '직업적 집회·시위 기획자 또는 참여자'로 활동했다. 크고 작은 온갖 집회에 참여했다. 10여 명이 모여 진행한 피켓팅부터 기억조차 할 수 없을 만큼 많은 내용의 1인 시위까지. 2001년에는 이동통신 요금 인하 운동 도중 정보통신부 앞에서 기습 집회를 하다가 신고가 안 됐다고 전경에 둘러싸일 뻔했고, 2003년 이라크 1차 파병을 반대하기 위해 국회 본청 부근에서 기습 시위를 하다가 사지가 들려 '닭장차'에 끌려간 일도 있었다.

2006년에는 희망제작소에서 사회창안팀장으로 1년 반가량 일했다. 그러다 이명박 씨가 대통령이 되면 우리 국민이 너무나 고생할 것 같아 대선을 앞둔 2007년 10월 참여연대로 복귀했고, 당시 2007대선시민연대로 파견됐다. MB가 대통령이 되지 않기를 바랐지만, 당시 상황에서 대통령이 되는 것이 불가피하다면 좋은 공약이라도 전달해야 한다고 생각해 '1000개 생활 공약 모으기' 활동을 했다.

아니나 다를까 이명박 정권이 들어서자마자 일제고사 부활부터 4대강 사업, 수도 민영화, 부자 감세, 영어 몰입 교육 같은 사안들이 줄줄이 쏟아져 나왔다. 결정적인 것은 대통령이 한미정상회담을 앞두고 미국에 건너가 이른바 '묻지 마 쇠고기 수입'을 결정한 일이었다. 이에 맞서다가 2008년 광우병 위험 대응 국민 촛불 집회 당시 광우병국민대책회의 조직팀장으로 항의 시위를 하던 중 연행돼 구속됐다. 대학 시절까지 포함해 집회와 시위 도중 여러 차례 연행되고 최장 9일의 구류를 겪었지만, 정식으로 구속된 것은 그때가 처음이었다.

당시만 해도 야간 집회가 금지돼 있었다. 야간 집회 금지를 규정한 집시법(집시 및 시위에 관한 법률) 제10조 위반으로 재판을 받다가 위헌법률심판 제청을 신청했다. 당시 재판장이던 박재영 판사(서울중앙지방법원 형사단독7부)가 이를 받아들이면서 두 달 만에 보석으로 풀려났다. 2009년 9월 24일 헌법재판소는 집시법 제10조의 야간 집회 금지는 위헌이라고 결정했다. 헌법불합치 결정이었다. 주위 사람들은 이 위헌 결정을 이끌어낸 걸 많이 기억하는 것 같다.

하지만 집시법 위헌 논란 때문에 멈췄던 촛불 재판이 6년 만에 속개되었고, 나는 2015년 5월 15일 징역 10월에 집행유예 2년을 선고받았다. 기소된 뒤 1심 선고가 나올 때까지 무려 6년 8개월이 걸린 셈이다. 집시법 제10조 위반 부분에 대해선 공소 취하된 상태에서, 신고하지 않고 옥외집회를 주최한 것과 국민들이 행진한 것에 대한 일반교통방해 혐의가 유죄로 나왔다. 위헌 결정이 나오고 그 뒤 많은 시민이 무죄판결을 받았지만 정작 그 결정을 받아낸 내가 야간 집회를 신고하지 않았다고 해서 유죄를 받은 것이다. 아이러니하다. 항소심에선 감형됐지만 미신고 집회 부분과 일반교통방해 혐의에 대해 유죄가 유지됐고 이는 대법원에서 확정됐다.

참여연대 상근자가 된 후 줄곧 민생 문제에 관심을 가져왔다. 우선 집권 세력이 시행하는 제도를 낱낱이 뜯어보고 무엇이 잘못됐는지 분석해보는 과정이 필요했다. 그런 와중에 모든 시민의 지지를 받지는 못해도 공통적으로 절박한 사안이 분명히 있다고 봤다. 민생 살림에 시급한 것을 주장하면 시민들이 참여는 하지 않더라도 박수는 보내줄 것이라 생각했다.

광우병 위험 대응 국민 촛불 집회에 이어 반값등록금, 남양유업 갑을 문제, 재벌들의 기업형 슈퍼마켓(SSM) 입점 반대, 통신비 대폭 인하 및 통신비 원가 공개 같은 이슈에 뛰어들었다. 일자리는 줄어들고 보통 사람에겐 어쩔 수 없이 써야 할 돈이 계속 늘어나는 세상에서 비정규직 문제를 해결하고 교육, 주거, 의료, 통신, 이자 비용을 줄이는 방안에 몰두했다. 시민 입장에서는 어렵게 번 돈이 어이없게 빠져나가면 안 되었기에 교육 복지와 친환경 무상급식 확대, 전월세 문제 해결, 통신료 인하 문제 등을 집중적으로 파고들었다.

진보에는 우선순위가 없다. 아니, 억울한 일에는 우선순위가 없다. 조현아 전 대한항공 부사장에게 당한 사무장도 억울하지만, 학교 근처에 화상경마장이 생기면서 고초를 겪는 용산 주민도 억울하기는 마찬가지다. 시민운동의 입장에서는 '집중'과 '멀티 플레이'를 함께 진행해야 했다. 대학 반값등록금 싸움을 하는 동시에 재벌 대형마트 입점 반대 이슈 파이팅도, 주거 세입자·상가 세입자 보호 활동도 함께 진행해야 했다.

고발도 많이 할 수밖에 없었다. 물론 참여연대 민생희망팀장이나 사무처장 이름으로 한 것이지만, 조현아 전 대한항공 부사장(위력에 의한 업무방해 위반 혐의 등), 라응찬 전 신한금융지주 회장(자본시장법 위반 혐의 등), 이석채 전 KT 회장(배임·횡령 혐의 등), 김무성 전 새누리당 대표(수뢰 후 부정처사 혐의) 등을 직접 고발했다. 누군가를 고발하는 일을 좋아하지 않았지만, 국민과 사회를 위한 고발의 압권은 이재용, 박근혜, 이명박 등의 손으로도 다 셀 수 없는 온갖 불법행위를 직접 고발하고 엄벌을 촉구했던 활동일 것이다.

내가 가진 이론이라곤 휴머니즘밖에 없다. 휴머니즘. 나는 화순 시골 마을에서 나서 자랐다. 어릴 적엔 서울 명동 땅값이 전국에서 가장 비쌌다면 화순 땅값이 가장 쌌다. 탄광이 있었고 주변에서 가난한 사람들을 많이 봤다. 다들 열심히 일하는데 왜 이리 가난할까라는 문제의식이 그때부터 생겨났다. 잘살지는 않아도 인간답게 사는 방법이 있지 않을까. 그 방법을 찾아가는 게 요즘 유행하는 말로 경제민주화일 수도 있고 사회민주화일 수도 있다. 추상적으로는 노무현 전 대통령이 말한 '사람 사는 세상'일 수도 있고, 2008년 촛불 시위 때 구호였던 '함께 사는 대한민국'일 수도 있다. 그걸 관통하는 신조가 휴머니즘이다. 구체적으로는 생명과 평화가 최우선으로 존중되는 세상이다.

지금도 삶의 모토는 '억울한 일 없는 사회를 만들자'이다. 최소한 사회적으로 억울한 일은 없어야 한다. 입사 시험을 치르는데 정작 외교부 장관 자녀나 주요 정치인 자녀가 특채되거나, 중소기업을 운영하는데 재벌 대기업에 원천 기술을 뺏기거나 '단가 후려치기'를 당하는 일은 없어야 한다. 예전엔 사회주의나 사회민주주의 이론에 대해 고민했는데 꼭 그게 아니어도 좋으니 없이 사는 사람들이 존중받는 휴머니즘만큼은 반드시 구현되어야 할 것이다. 그것은 이윤보다 사람이 우선인 사회, 권력보다 인간이 중심이 된 경제체제와 문화를 말한다. 한 사람의 시민이 빈민이 되거나 사회적으로 실패했을 때도 복지의 따뜻한 혜택과 공동체의 응원을 받는 사회를 만들고 싶다.

돌이켜보니 학창 시절을 빼고도 경찰과 검찰에 의해 모두 스무 차례 넘는 소환 조사를 받았다. 압수수색도 집과 차량이 한 차례, 사무실이 두 차례를 받았다. '이명박근혜' 정권에서 제일 많이 소환되고 민형사 기소를 당한 '최다 기소자'라고도 한다. 어쩌다 최다 기소자가 되었나. 미신고 집회를 기획했거나 집회에서 차로를 점거해 교통을 방해했다는 혐의 등으로 국가와 검경 등에 의해 형사사건 5건, 민사사건 2건에 피의자와 피고로 이름이 올라 있다. 2016~2017년 퇴진행동(박근혜정권퇴진 비상국민행동) 활동으로도 극우 단체에 고발되어 검찰 조사를 받아야 했다.

2008년 광우병 위험 대응 국민 촛불 집회, 2009년 4대강 반대 집회, 2010년 한미 자유무역협정(FTA) 비준 반대 집회, 2010년 친환경 무상급식과 지방선거 대응 활동, 2011년 반값등록금 집회, 2015년 세월호 참사 추모 집회, 2015년 민중총궐기 대회, 2016년 총선넷(총선시민네트워크) 활동 등과 관련해 주로 소환을 당했다. 관련한 민형사 재판만 사십 차례쯤 받았고 지금도 받고 있다. 2010년 10월 한미 FTA 비준 반대 집회 때는 물대포를 맞는 후배에게 방어막으로 쓰라고 돗자리를 가져다주고 잠시 함께 있었다고 집회 참가자로 분류됐다. 나는 성공회대 특강을 하러 가던 중이었다. 그때 일로 항소심에서 벌금 30만 원을 선고받았다. 2015년 11월 백남기 농민이 너무나도 안타까이 쓰러졌던 1차 민중총궐기에 참석했다가 일반교통방해죄로 기소된 소송은 항소심에서 무죄가 나왔다. 2016년 총선넷 활동과 관련해 공직선거법 위반으로 기소된 사건은 항소심까지 유죄가 선고되었고 현재 대법원에 계류 중이다.

이명박·박근혜 정권의 실세인 김무성, 최경환 의원과 오세훈 전 서울시장 측근을 비판했다가 그들에게 고소되기도 했다. '이명박근혜' 시대를 사는 동안 하루도 편치 않았다. 그래도 언젠가는 나아지겠지 낙관적으로 생각하며 살다가도, 자꾸 검경의 소환장이 날아오고 집과 사무실까지 압수수색을 당하면 삶이 피곤하고 가족들에게 미안한 마음을 갖지 않을 수 없게 된다. 검경에서 한 달에도 몇 번씩, 법원에서도 몇 달에 한 번씩 소환장이 집으로 날아오니 동네 집배원 아저씨가 나를 알아볼 지경이다. 나야 내성이 생겼지만, 일반 시민들까지 피해를 보는 것은 다른 문제다. 시민들을 집회에 나오지 못하게 하려고 집시법과 일반교통방해죄로 벌금형과 실형 선고를 남발하는 참으로 난폭한 시대였다. 어쩔 때는 다 그만두고 싶다가도 세월호 참사 유가족, 가습기살균제 참사 유가족, 부당 해고 노동자, 사학 비리 피해자, 고인이 된 송파 세 모녀, 학교 앞 도박장에 시달리는 용산 주민 같은 이들을 생각하면 정신이 번쩍 들었다.

문재인 정부에 들어와 충돌은 사드 현장 외에는 아직까지 없었다. 도심 집회는 평화롭게 진행되고 있다. 그러나 여전히 경찰은 집회나 기자회견에 과도히 개입한다. 청와대 분수대 앞에서 기자회견을 여는데, 모인 인원이 15명이 되지 않으면 기자회견이고 그 이상이면 집회라는 자의적 해석을 경찰이 내린다. 국민들이 경찰에 원하는 것은 집회와 시위를 막는 데 집중하는 게 아니라, 부디 강력 범죄를 막고 나쁜 범죄자들에 대한 수사에 전력을 다하는 일이다.

별명이 '길거리 적폐 세력'이고 '전문 시위꾼(경찰 은어로는 '밥풀때기')'이다. 또 과거 정권은 나를 '반정부 세력'이라고 불렀다. 나는 '정부'에 반대한 적이 없다. 나쁜 정책을 펼친 집권 세력의 행태에 반대했을 뿐이다. 나쁜 권력과 정책에 반대하는 시위 전문가로 사회 제도를 개선하려 했다. 2016·2017년 촛불 집회 때도 퇴진행동의 실무자로서 참여연대 공익법센터, 민변과 함께 공익 소송을 진행해서 청와대 앞 100미터까지 행진 범위를 넓혔다. 법원에 출석할 때마다 당시 판사들이 "안전하고 평화롭게 할 수 있나"고 물었고, 나는 "시민들의 역량을 믿어달라. 검경이 방해만 안 하면 평화롭고 안전하게 할 수 있다"고 담담하되 자신 있게 답했다.

이제 정부는 양극화 문제를 해결하고 민생을 살리는 데에 집중해야 한다. 시민들이 촛불을 든 이유는 박근혜·최순실 게이트에 대한 분노뿐 아니라 '헬 조선'에 대한 분노도 있었다. 개헌도 큰 과제다. 시민들이 주도하고 참여해야 한다. 내용도 이원집정부제나 의원내각제처럼 와 닿지 않는 부분보다는 서민들이 먹고살 수 있는 권리, 국민들의 기본권과 사회권, 안전할 권리를 대폭 강화하는 것이 중요하다.

촛불 시민혁명을 거치면서 우리 사회의 연대의 질이 높아지고 있다. 다양한 풀뿌리 시민단체, 동네 NGO, 지역 활동의 힘이 커져간다. 정부도 국민들의 민주, 민생, 평화의 희망을 만들기 위해 각고의 노력을 다해야겠지만, 당분간은, 어쩌면 영원히 국민들이 직접 나서야 한다. 그러기 위해서는 국민들이 마음 편하고 안전히 집회를 할 수 있어야 한다. 없이 사는 사람들, 억울한 국민들의 다종다양한 집회와 집회·시위의 권리를 사랑하는 사람으로서 내 인생에서 집회 없는 삶을 상상할 수 없다. 가난한 민초, 답답한 민중들의 또 다른 삶터이자 희망이 숨 쉬는 공간이 집회 현장이기 때문이다. 앞으로도 힘닿는 데까지 집회에 부지런히 나갈 생각이다. 그리고 집회에 열심히 참여하는 한편 우리 사회의 양극화·민생고·불평등·불공정 문제를 해결하는 연구와 활동에 전력을 다하고 싶다. 우리나라가 '사람 사는 세상' '사람이 먼저인 세상'이 되는 것을 국민들과 함께 보고 싶다. [2018]

参여연대는 한때 저자의 수첩을 찍은 사진을 넣어 회원 홍보물을 만들었다.
수첩은 지금도 각종 회의와 모임, 토론회, 집회, 간담회 등 일정이 빼곡하다.
사진 참여연대

어머니는 마흔 넘은 아들에게 '사법 고시' 언제 보냐고

　어머니만 생각하면 눈물부터 나는 것은 자식들의 공통점일까요. 평생을 3남 1녀를 위해 헌신해온 어머니를 떠올리면 마음이 짠해집니다. 자주 가고 싶어도 서울과 부모님이 있는 화순의 거리는 너무 멉니다.

　운주사로 유명한 화순에서 태어난 어머니는 초등학교조차 제대로 다닐 수 없었던 열악한 조건에서도 꿈과 희망을 잃지 않았습니다. 역시 가난한 아버지를 만나 자신이 가진 꿈과 희망을 모두 자식들에게 쏟아 부었죠. 가난한 사람과 가난한 사람이 만나면 아무리 일을 해도 다시 가난해지는 서러운 삶이 얼마나 많았습니까. 저희 부모님도 전형적으로 그런 가난 속에서 자식들을 헌신적으로 키웠습니다.

　지난 1980년대 가난한 시골에서 아들딸 넷 모두 대학에 보내기는 쉽지 않았을 텐데요. 어머니는 하나뿐인 누이까지도 4년제 대학에 들어가도록 응원했습니다. 내 기억으로는 당시 살던 동네에서 4년제 대학에 진학한 여성은 누이밖에 없었습니다.

어느 날 어머니가 누이를 불러 "힘들게 일해서, 여자도 대학까지 가서 공부를 많이 해야 한다고 생각해 기껏 대학 보내놨더니, 연애만 하고 다닌다!"고 한탄하는 모습을 본 적 있습니다. 그래도 훌륭한 사위를 데려온 누이 덕분에 어머니는 이제 딸 걱정은 덜 하죠. 늘 문제를 일으키는 자식은 작은형과 나입니다.

고등학교 시절인('응답하라 1988' 드라마는 딱, 내 이야기입니다) 1988년 작은형이 서울로 대학을 갔는데, 반독재 학생운동에 투신하다가 1990년에 결국 구속되는 일이 벌어졌습니다. 당시 걱정과 실망, 낭패감에 일그러진 부모님의 모습을 잊을 수가 없습니다. 그 일이 있은 후에 어머니는 내게 "데모하지 말아라"라는 말씀을 여러 차례 했습니다. 부모님도 전두환·노태우 군사독재 정권의 패악에 대해 잘 알고 있었죠. 1980년 광주 학살을 몸소 겪은 분들이니까요.

1980년 5월 그때 나는 철부지 초등학교 2학년 학생이었습니다. 어머니는 아버지랑 부부싸움을 한 뒤 광주 이모 댁에 머물고 있었는데 그 '난리통'(당시 어른들 표현대로)이 일어난 것입니다. 어머니는 그 살벌한 와중에도 아이들에게 밥을 해먹이려고 광주에서 화순까지 걸어서 집으로 돌아왔습니다. 그런 분이었습니다.

나 역시 대학에 들어가서는 1991년 4월 26일 등록금 인하와 총학생회장 석방을 요구하다 백골단의 쇠파이프에 맞아 숨진 강경대 열사 사건을 보면서, 도저히 투쟁에 동참하지 않을 수 없었습니다. 1991년 봄날 이런 일도 있었습니다. 집에서 부모님과 함께 밥을 먹다가 한겨레신문을 보고 있는데, 아버지가 갑자기 신문을 빼앗아 찢더니 창밖으로 내던졌습니다. "이 신문이 대학생들 데모하게 만드는 신문"이라고 소리치면서…. 아버지가 좀 무섭기도 하고 서운했지만 참을 수 있었습니다. 자은형의 구속을 겪은 마당에, 막내까지 매일같이 옷에 최루탄 가루를 흠뻑 묻히고 집에 들어올 때였으니까요. (시골에서 먹고살기 힘든 부모님은 1991년 경기 안양으로 이사 와서 가내수공업 일을 맡아 자식들을 뒷바라지했습니다.)

대학 다니는 동안 학생회 활동에 몰두했고, 졸업하면서 '애국적·진보적 사회 진출'을 해야 한다는 결의로 지금의 시민사회 단체에 취직하게 되었습니다. 어머니는 그런 막내가 못내 아쉽고 여전히 걱정스러운가 봅니다. 대학을 졸업한 후 최근까지도 어머니와 수시로 나누는 대화입니다. 대학을 남들보다 늦게 졸업하고 1998년 12월 참여연대에 들어간다고 했을 때 어머니가 말리고 실망하던 모습이 지금도 생생합니다.

어머니 김정순 씨.

― 막내: 어무니, 식사는 하셨어요? 맛있는 것 드시고 싶어도 속이 안 좋으시다고 하니 걱정이네요.

― 엄마: 응. 그러게야. 아부지랑 밥은 폴새 먹었제야. 막내 니는 현영(딸)이랑 밥은 먹었냐? 저번에 보내준 김치, 잘 먹고 있냐잉?

― 애고, 밥은 당연히 잘 먹죠. 반찬 투정 한 번 없이 살아와서 언제나 맛있게 먹고 있어요. 밥 걱정은 마시고, 엄마, 제발 김치 좀 그만 보내요. 냉장고에 넣을 데가 없어라.

― 응. 김치는 남으면 이웃들과 나눠 먹으면 되제. 그래, 네가 반찬 투정은 안 했는데, 집이 가난해 제대로 못 먹이고, 한참 자랄 때 못 챙겨줘서 네가 키가 작아. 미안하다.

― 아니에요. 엄마 잘못이 아니라 원래 두 분 키도 작고, 저도 그렇게 태어난 것인데요.

― 근데, 막내는 대학원 졸업은 한 거냐?

― 네. 당연히 졸업은 했죠잉.

― 그럼, 논문 썼냐잉? 논문 썼으면 인제 박사 과정도 들어가야지.

― 아, 그게, 대학원 석사 과정 수료는 했는데, 너무 바빠서 아직 논문을 못 썼어요.

― 뭣 때문에 그리 바쁘다냐?

― 상근하는 참여연대 일도 많고, 또 다른 시민사회 단체들 일도 도와야 하고 해서요. 그래도 공부는 늘 하고 있어요.

― 공부만 하면 뭘 한다냐? 누가 알아준다냐? 대학원 박사 과정

에 빨리 들어가야지, 이놈아.

— 네. 어머니, 걱정 마세요. 여유 생기면 논문도 쓰고 박사 과정
에도 들어가서 공부도 열심히 할게요. 공부해서 남에게도 사회에
도 도움 되도록 해볼게요.

— 근데, 아직 사시(사법시험)가 남아 있더라. 사시라도 마지막
으로 보는지. 엄마가 돈 보대줄게.

— 하하. 아직도 엄마는 사시 얘기여. 사시 얘기 좀 그만해요. 인
제 머리가 안 돼 사시는 못 봐요. 지금 하는 일도 엄중하고.

— 애고, 내 팔자야. 어째 우리 막내가 법대까지 나와서 사시 한
번 안 보고, 엉뚱하게 남들하고 달리 시민단체 가서 저러고 있을
까잉. 그렇게 사시 한 번 보라고 해도 시험 한 번을 안 봐블고잉.
막내가 사시라도 한 번 보면 내가 소원이 없겠다야.

— 그러게요. 어머니, 저도 남들처럼 고시라도 봤어야 했는데.
어머니, 죄송해요. 그게 늘 죄송해요. 근데 인제는 안 돼요.

— 사시도 사시지만, 어쩌다가 가난한 시민단체에 들어가서 그
고생을 하고 사냔 말이다. 지금이라도 직장을 옮길 수 없다냐? 남
들처럼 돈 좀 버는 데로 가면 될 거 아니냐. 동네 명철이는 농협
댕긴다야, 돈 엄청 벌어가지고 아파트 넓은 데로 들어갔다고 안
하냐.

— 아따, 어머니, 이제는 제발 걱정 마세요. 시민단체도 요즘은
다 먹고살 수 있고, 좀 검소하게 살면 남부럽지 않게 살 수 있어요.

또 인생이라는 것이 자기가 하고 싶은 일을 하면서 살아야 하잖아요. 엄마는 제가 불행하게 살기를 원하시는 건 아니잖아요.

— 그건, 그런디야. 시민단체가 좋은 일을 하는 것은 알지만도, 우리 막내가 얼마나 집안의 기대를 많이 받았냐. 엄마는 너무나 아쉽기만 하다잉.

— 네. 엄마, 죄송해요. 엄마 기대한 대로 못 살아서 너무 죄송해요. 그래도 해야 할 일이 있으니까요. 엄마, 그대신 가끔 티브이 나오잖아요. 동네 어른들이 좋아하신다면서요.

— 응. 긍께야, 저번에도 KBS 뉴스에 나오던데, 뭐라 뭐라 하더니 금방 없어져블더라야. 작은아버지가 티브이서 봤다고 말하믄서 좋아하기는 하던디야.

— 아, 그때 반값등록금도 해야 하고 통신비도 대폭 인하해야 한다고 인터뷰했을 거예요. 엄마, 근데 인터뷰하는 것, 많이 떨려요. 했는데 방송이 안 나가블기도 하고요.

— 글고, 막내야, 저번에도 티브이 본게, 막 대통령 욕하던디, 조심해야 쓴다. 그렇게 막 욕하지는 말고.

— 엄마, 걱정하지 마세요. 시민단체는 온건하잖아요. 근데 그 사람은 진짜 나쁜 사람인디요. 엄마도 잘 알잖아요?

— 그렇긴 한디야. 박근혜가 워낙 무섭게, 사납게 안 해브냐. 지 아버지 닮아브러갖고양. 옛날에 얼마나 사람이 많이 죽어블고 다쳐붓냐. 지금도 막 잡아가블고. 네가 2008년에 한번 감옥도 갔었

잖아. 엄마는 걱정이 많이 된다. 긍께 너무 세게 하지는 말아라잉.

— 네. 엄니, 적절히 잘할게요. 너무 걱정 마세요.

— 글고, 지금 나이가 몇인데, 아직도 1인 시위 같은 것을 하고 있냐? 인제 그런 것 좀 하지 마라. 후배들도 많이 있지 않냐?

— 네. 후배들도 많은디요. 그래도 선배가 직접 해야 하는 경우가 많아요. 글고 1인 시위는 무조건 합법이고, 얼마나 평화롭게 해브요. 요것이 제일 좋단 말이요.

— 그래도, 인제 나이도 많이 들었는디, 피켓 들고 서 있는 것이 좀 그래서 말이다.

— 네. 엄마가 걱정 안 하게, 의젓하게, 안전하게 잘 살게요.

— 근디야, 호남 사람들이 박원순이를 참 좋아한다야. 티브이에도 자주 나오더라.

— 아, 박원순 변호사님이요. 네. 이제는 서울시장 하시니까 자주 나오시겠죠. 좋은 분이니까 호남 사람들뿐 아니라 국민들한테 골고루 인기가 좋은가 보데요.

— 꼭 정권이 바뀌어야 할 텐디야. 야당이 왜 맨날 저런다냐.

— 그러게요, 우리 부모님, 민초들 한 맺힌 것 풀어지려면 얼른 좋은 대통령, 좋은 정부, 좋은 세상 와야 한디이요. 근데 상황이 복잡하네요. 그래도 엄마, 투표는 꼭 해야써.

— 그러제. 아버지랑 엄마는 늘 투표 잘하제. 박원순이 나오면 찍어불란다야.

— 네. 누구라도 좋은 사람 나오면 찍어주세요. 호남에서도 기득권 세력은 찍어주면 안 돼라잉. 애고, 인제 또 일해야 돼서 그만 끊어야겠네용.

— 그라지야. 항상 바쁜 것도 맘에 안 든다양. 그래도 일 잘하고 푹 쉬어라이잉. 들어가라잉.

— 엄마는 맨날 들어가라고 해잉. 사람이 전화기 속으로 어떻게 들어간당가? 네. 곧 화순으로 찾아뵐게요. 아부지랑 잘 계시고요. 엄니도 들어가세용(그래 놓고 나도 들어가라고 인사를 하는군요. 올해는 추석 때 내려가 뵙고는 전혀 못 뵙고 있습니다).

이렇게 어머니와의 대화는 그 내용과 소재가 무궁무진합니다. 자질구레한 일상에서 시작해 여전한 입신양명에 대한 바람까지. 또 예전 참여연대 사무처장 시절에 인사 나눈 적이 있는(박원순 변호사는 참여연대 간사들의 부모님을 초대해 식사와 공연을 몇 번 같이 했습니다) 박원순 서울시장의 안부를 물으면서 한국 정치 사회 상황에 대한 걱정과 전망(?)까지. 그러나 늘 관통하는 내용은 자식 걱정입니다. 자식을 둘러싼 사회에 대한 우려가 주를 이룹니다.

평생 가난 속에서 살아와서 사법시험을 보고, 박사 학위를 따고, 공무원이 돼야 사람대접을 받지 그러지 못하면 멸시와 천대를 받으며 살게 된다는 것을 너무나 잘 알고 있는 어머니입니다. 지금도 막내가 그런 길로 가기를 바랍니다. 그것이 어머니 식의 사랑이고, 시민사회 단체 일이 아무리 옳다고 해도 끝까지 못마땅하다는 것을 잘 알고 있습니다.

그래도 어머니, 이제는 사시는 못 봐요. 최근에도 그런 말씀을 하는 어머니를, 나중에 여유가 되면 로스쿨을 가기 위해 노력해보겠다는 말로 위로했는데, 사실 어머니는 지금도 로스쿨이 뭘 하는 곳인지 이해하지 못합니다. 어머님께 평생 시민사회 단체 일을 열심히 할 생각이라고 차마 말하지 못합니다. 물론 언젠가 나도 다른 일을 할 가능성도 있지만요.

처음 시민단체에 들어와 일을 배울 무렵에는 부모님의 걱정이 지나친 것이라 느껴지고 듣기도 싫어서 역정을 낸 적도 있지만, 이제는 허허 웃으며 넘기게 됩니다. 어찌 됐든 부모님의 바람과는 다른 삶이고, 역주행하는 한국 사회에서 부모님이 온건한 시민단체의 일꾼까지도 걱정을 해야 하는 상황인 것은 분명하니까요.

오늘도 외치고 기도합니다. 어머니, 사랑하는 어무니, 사시 못 봐서 늘 미안하고 죄송해요. 그래도 좋은 세상 앞당기는 데 기여해서 좋고, 또 하고 싶은 일 하면서 살아서 보람차고, 그렇게 일석이조로 잘 살아갈 테니, 이제는 부디 막내 걱정은 그만하고, 시골에서 아부지랑 함께 행복하고 건강하게 오래오래 살아야 해요. 그런데 이제는 자식들이 용돈을 주며 맛있는 것을 사먹으라고 해도 속이 안 좋아 잘 먹지 못하니 그것이 서럽고 죄송해요. 오늘도 막내는 서울 상일동 임대주택에서 눈물을 흘립니다. [2015]

이것을 왜
옆집 이웃이
전해줄까

어느 날 퇴근길에 옆집에 사는 이웃이 느닷없이 종이 한 장을 건넸다. 내용은 이랬다.

"강동경찰서 수사과 지능팀 경위 ○○○입니다. 문의할 말씀이 있어서 방문했는데 들어오시거든 연락 바라며, 4월 28일 오전 10시 강동서로 출석해주시기 바랍니다. (출석 요구하는 것이니 참고 바랍니다.)"

굳이 따지면 서울 강동경찰서가 내 앞으로 보낸 출석요구서였다. 2015년 4월 11일 광화문광장에서 열린 세월호 참사 1주기 추모 집회와 관련해 일반교통방해죄 위반 혐의로 조사하겠으니 출두하라는 것일 테다. 그 무렵 경찰은 참사 1주기 집회·시위에 참가한 이들을 무더기로 소환해 조사하고 있었다. 나는 세월호 참사 1주기 추모 집회에 잠시 나갔다 온 단순 참가자였다. 참여연대 민생경제 업무에 몰두하느라 그쪽 실무를 전혀 맡지 못했다. 집회 인파 뒤쪽에 잠깐 서 있던 나를 경찰이 채증한 모양이었다.

그런데 이것을 왜 옆집 이웃이 전해줄까. 4월 22일 경찰이 직접 찾아와 옆집 문에 붙여놓고 갔다고 한다. 집 호수를 잘못 알았을 것이다. 그렇다 처도 채권 추심 관련 서류도 본인에게 직접 전달하지 않던가. 경찰이 출석요구서를 보내면서 당사자 여부도 확인하지 않고 현관문에 붙이고 가다니. 명백히 인권 침해였다. 게다가 정식 출석요구서도 아닌 메모시였다. 임의 수사도 유분수지. 나는 담당 수사관에게 전화를 걸어 정식 출석요구서를 보내지 않은 이유를 물었다. "조사 대상이 너무 많아서 경찰관이 직접 방문했다"는 답변이 돌아왔다.

메모지를 문에 붙이고 가는 '짝퉁 출석요구서'도 문제이지만, 그것을 남의 집 문에 붙여놓고 가는 막무가내 행태는 생각할수록 기가 막혔다. 더 나아가 메모지 출석요구서에는 신분이 피의자인지 참고인인지, 무슨 사유로 경찰에 출석해야 하는지도 전혀 나오지 않았다. 부적절한 직무 집행이었다.

가족들은 이 사실을 알고 무척 놀랐다. 옆집 이웃뿐 아니라 우리 집 아이와 같은 학교에 다니는 그 집 애도 이를 알게 되었다. 경찰이 출석 요구를 제삼자가 알 수 있게 한 것은 헌법에 보장된 사생활의 자유를 침해한 행위다. 또 출석 요구 쪽지를 문에 붙여두고 간 것은 엄연히 경찰청 범죄수사규칙 위반이다. 범죄수사규칙 중 '출석요구의 방법'에 의하면, 피의자 또는 참고인에게 출석을 요구할 때에는 서식에 맞게 출석요구서를 발부해야 한다. 신속한 출

경찰이 세월호 추모 집회 참가자의 집을 방문해 옆집 출입문에 붙이고 간 '쪽지' 출석요구서.

석 요구가 필요할 때는 전화·팩스·전자우편·문자메시지 등으로 할 수 있다. 피의자나 참고인이 사는 집에 찾아가 출입문에 출석요구서를 붙여놓고 갔다는 얘기는 들어본 적이 없다. 안 그래도 국가인권위원회가 인권 침해라고 지적했는데도 안하무인이다.

강동경찰서와의 인연은 여기서 끝나지 않았다. 2016년 1월 18일 아내는 전화 한 통을 받고 기겁했다.

"남편이 안진걸 씨 맞습니까? 지명수배 중이라 전화했습니다."

지명수배자라니? 그 말에 강력범같이 당장 검거해야 하는 범죄자를 떠올린 아내는 무슨 일이 난 줄 알고 화들짝 놀라 내게 연락했다. 뭔가 이상했다. 지명수배라는 건 피의자의 소재지를 몰라 구속영장을 청구할 수 없을 때 전국 경찰에 알려 잡는 일 아닌가. 내가 참여연대 상근자로 15년 넘게 아침마다 출근하는 것은 알 만한 사람은 다 안다. 라디오 방송에도 정기적으로 출연하는 사람에게 지명수배라니.

아내에게 전화를 건 이는 강동경찰서가 아니라 엉뚱하게도 경기 남양주경찰서의 한 순경이었다. 우리는 2004년 결혼하면서 서울 강동구 상일동으로 이사 온 후 12년째 살고 있을 때였다. 관할 경찰서도 아니고 남양주경찰서가 왜? 남양주경찰서에 전화해 확인해보니, 2015년 12월 11일 강동경찰서가 나에 대해 지명수배가 아닌 '지명통보'를 내린 것이었다. 지명통보가 되면 사건 담당 경찰서뿐 아니라 인근 경찰서에서도 소재 파악에 나설 수 있는 모양이었다. 전화 통화를 하는 순간에도 순경은 "(자신의) 실적에 반영되니 '경찰에 출석하겠다'는 확약서를 써달라"고 요구하며 실적 쌓기에 급급했다.

사태의 전말은 이랬다. 강동경찰서는 2015년 4월 메모지 출석요구서를 남의 집 문에 붙이고 간 그날 이후, 내게 사생활 침해에 대해 한마디 사과도 하지 않았다. 곧바로 소환장을 보낸 모양이다. 등기우편으로 출석요구서를 두 차례 보냈다고 하는데, 맞벌이인 우리 부부가 집을 비우면서 받지 못하자 반송됐다. 그해 11월 2일 문자메시지를 한 번 받았을 뿐이다. 세월호 참사 1주기 추모 집회에 대해 문의할 게 있으니 연락해달라는 내용이었다. 소환에 불응하고 있다, 수배가 떨어졌다는 말은 전혀 없었다.

그렇게 내가 출석하지 않자 강동경찰서는 소재지 불명, 연락 불통으로 처리해서 내 이름을 지명수배자 명단에 올렸고, 지명수배 전에 지명통보 조치를 내린 것이다. 즉 그들이 집과 직장의 주소, 휴대폰 번호를 몰라서 그런 게 아니라 경찰에 출석해 조사를 받도록 하려는 목적이었다. 공개적으로 활동하는 내게 이렇게 무지막지한데 시위에 참가한 일반 시민들에게는 어떻게 대할까. 출석요구서를 제대로 전달받지 못한 것을 경찰은 너무 쉽게 출석 불응으로 간주하고 지명통보를 했다. 대체 어떤 경찰 시스템이기에 소재가 확실한 사람에 대해 지명통보를 할 수 있는가.

아내에게 그런 전화가 오고 나서 나는 3월에 강동경찰서에 출석하겠다고 약속했다. 그래도 지명통보 조치는 풀리지 않았다. 2월 16일 귀가하던 도중 서울 충무로에서 경찰의 검문을 받아 차를 세워야 했다. 지명 통보된 차량이라는 것이었다.

"2241, 2241. 차, 오른쪽으로 대세요."

수배 차량을 쫓듯이 차를 도로 갓길에 멈춰 세우게 하더니 경찰 둘이 차 운전석과 조수석 양쪽으로 다가왔다. 마치 내가 도망이라도 칠까 봐.

"창문 내리세요. 수배 차량입니다."

내가 강동경찰서에 출석하기로 했다고 말하자 그제야 확인한 뒤 보내주었다.

2월 18일에도 다시 한 번 출석 여부를 묻는 경찰의 전화를 받았다. 20일엔 경찰이 아예 직접 집으로 찾아왔다. 토요일 아침 7시 가족들이 모두 잠들어 있던 그 시간에 초인종 소리에 깜짝 놀랐다. 출석하라는 말을 하러 왔다는 그들의 갑작스런 출현은 악의적이라고밖에 볼 수 없었다.

그런데 일반 시민이 집회 한 번 참가했다가 경찰에게 이렇게 당하면 그다음에는 고통스러워서 집회에 나갈 엄두조차 못 내게 된다. 박근혜 정부와 경찰이 노리는 바가 그게 아닌가 싶다. '너, 정권 비판했지? 너, 당해봐. 그리고 앞으로 집회에 나오지 마.' 그렇지 않고야 멀쩡히 직장 다니며 사회 생활하는 사람을 소재 불명, 연락처 불통이라고 처리하고, 자기들 마음대로 지명수배자로 만들어놓고 차량을 검문할 수 있나.

경찰이 그런 식으로 사는 집에 몇 차례 다녀가는 바람에 동네에 소문이 다 나버렸다. 아내나 아이는 학교나 동네에 가면 이런 말을 듣거나 눈치를 보아야 했다고 한다.

"○○ 아빠는 경찰이 계속 찾아온다. 시민단체 활동한다는데 왜 그렇게 경찰이 찾아오는 걸까?"

2008년 촛불 시위 당시 구속됐을 때 딸은 네 살이었다. 엄마와 함께 구치소로 면회를 온 딸은 창살 너머 아빠를 보고 놀라서 울기만 했다. 한번은 유치원에서 아빠 직업을 묻는 시간이 있었나 보다. 다른 친구들은 '회사원이다' '소방관이다' 얘기하는데, 시민단체 간사가 무엇인지 알지 못하는 딸은 불현듯 면회 간 생각이 났던 모양이다. "우리 아빠는 경찰서에 있었다"라고 대답을 했다고 한다. 지금 생각하면 우습지만 당시에는 슬픔을 감출 수가 없었다. [2018]

9대 1

그날 경찰은 나를 포함한 총선넷 주요 활동가 4명(이승훈 시민사회단체연대회의 사무국장, 이재근 참여연대 정책실장, 이광호 인천평화복지연대 사무처장)의 자택까지 압수수색을 실시했다. 우리 집에 경찰이 들이닥친 건 오전 11시 30분경이었다. 토론회에 참석하려고 집을 나서는데 경찰 9명이 갑자기 길을 막아서면서 영장을 제시했다. 살던 집까지 압수수색 당하기는 처음이었다. 압수수색은 90분간 이어졌다. 불쾌하고 끔찍한 기분이 들었고, 영화에서나 벌어지는 일을 실제 겪고 보니 도무지 믿기지 않았다.

휴대폰과 컴퓨터, 차량을 뒤졌다. 컴퓨터의 경우 그들이 통째로 가져가려는 것을 내가 "영장에는 파일만 가져가게 돼 있는 것 아니냐"고 항의하자 그제야 총선넷 관련 34개 파일만 복사하는 것으로 바꿨다. 그것도 총선넷을 발족하기 전 준비 단계까지 날짜를 거슬러 올라 자료를 뒤졌다. 휴대폰의 경우 영장에는 예전에 쓰던 '2G폰'이 적시돼 있었다. 그들도 내 2G폰에 대해 알고 있었다. 나는 그 사이에 스마트폰으로 바꿔서 쓰고 있었기에 2G폰만 경찰에 제출했다. 그나마 다행이었다.

압수수색 영장에는 '신체, 자동차'라고 적혀 있는데 마구잡이로 가방까지 뒤졌다. 여러 명이 덤벼들다 보니 제지할 경황이 없었고 그 와중에 가방에서 보조 배터리가 하나 나왔다. 정의당에서 주문 제작해 시민단체 활동가들에게 나눠준 작고 각진 배터리였다. 그들은 그것을 무슨 비밀스러운 저장 장치라도 되는 양 의심스러운 눈길로 살펴보았다.

"거기, 정의당에서 준 보조 배터리라고 쓰여 있잖아요?"

특히 자기들 마음대로 지갑 안까지 열어볼 때는 치욕감이 몰려왔다. 가족한테도 때로는 보여주기 민망한 곳이 지갑 속 아닌가. 뒤져봤자 카드 전표나 나올 것이고 돈은 어디에도 보이지 않는 지갑이 궁색한 처지를 드러내는 것 같아서 울컥 참담한 기분이 들었다.

그들이 기어코 가방 속에서 수첩을 찾아내 '하나 건졌다'는 듯 득의만만한 표정을 지을 때는 나는 고개를 돌리고 싶었다. 아니, 모르는 척했다. 내가 별다른 대응을 하지 않은 데는 검찰이든 경찰이든 국정원이든 '저것을 해독하지는 못할 것이다'라는 안심 같은 것이 있었다. 갈겨 쓴 글씨도 그렇지만 빈칸을 용서치 않는 강박증의 빼곡한 종이는 얼핏 보면 그냥 검은색 덩어리 같으리라. 나는 못 이기는 척 한마디 곁들였다.

2016년 6월 16일 자택을 압수수색하고 있는
서울지방경찰청 지능범죄수사대 경찰.

"이리 주세요. 압수수색 영장에 '수첩'은 안 적혀 있는데…."

아니나 다를까 그들은 한참 수첩을 뒤적이더니 그냥 내려놓는
것이었다. 허탈한 표정을 감추기 위해 손을 별 의미 없이 부지런
히 움직이는 모습이었다. 옆에서 그들의 무기력한 한숨 소리가 귀
에 들리는 듯했다. 경찰서로 가져가봤자 아무 쓸모가 없을 거라고
판단했을 것이다.

며칠 뒤 어머니한테서 전화가 왔다.

"그렇께, 내가 살살 하라고 했지 않았냐, 막내야?"

"어머니, 이번에는 완전히 온건하게, 합법적으로 했어요."

"그래도 그렇게까지 경찰이나 징권에서 하는 것 보면, 뭔가 실수가 있지 않았을 것이냐?"

검경의 대대적인 시민단체 압수수색은 일반 시민들 사이에 '그래도 시민단체들이 불법행위를 하지 않았느냐'는 의혹을 불러일으키기에 충분했다. 하지만 총선 후 여소야대가 된 정국에 대한 분풀이이자 보복이라고밖에 볼 수 없었다.

시민사회단체의 낙천·낙선 운동은 과거 2000년 총선시민연대 활동 이후 2004년, 2012년, 2016년까지 이어지고 있다. 후보자 중 불법행위에 연루되거나 용납할 수 없는 막말이나 언행을 일삼는 후보자를 낙선 대상자로 선정해 시민사회 단체들이 힘을 모아서 알린다. (근거 있는 심판에 호소하겠다는 것이죠. 미우니까 찍지 말자는 게 아니라. 공약 이행이 안 됐으니까, 대놓고 거짓말했으니까. 사회적 양극화와 민생고가 심해진 책임이 있으니까. 한반도가 불안해졌으니까. 여러 불법 비리를 저질렀으니까.) 공익적 목적에서 대상자를 선정하기 위해 토론을 거듭하고, 모든 과정을 자율적, 독립적으로 진행한다.

2016년 4·13 총선에서 활동에 나선 총선넷(총선시민네트워크)은 1000여 개 시민사회단체가 모여 결성한 공개된 조직으로,

의사 결정과 활동을 공개적으로 해왔다. 나중에 경찰청장이 총선 넷 수사에 들어가면서 밝힌 '누가 배후인지, 공동정범인지, 누가 사주했는지'를 조사하겠다는 것은 애초에 현실과 동떨어진 말이었다.

활동을 시작할 때부터 공직선거법을 준수하기 위해 선관위(선거관리위원회)와 협의했다. 3월 선관위에서 아무 문제가 없다는 안내까지 받고 진행한 일이다. 당시 선관위 측은 "낙선 운동 기자회견을 하는 건 괜찮은데 문서나 피켓 등에 낙선 운동 대상자의 이름을 적시하면 처벌을 받을 수 있으니 안 했으면 좋겠다"고 했다. 그래서 기자회견을 할 때 현수막과 피켓에 낙선 대상 후보자 이름과 정당명을 뺐다. 구멍 뚫린 피켓만 갖고 나갔다. 상상은 국민들에게 맡긴다는 식으로. 구멍 뚫린 피켓은 공직선거법을 지키면서도 시민들의 비판의식을 표현하기 위한 방편이었다. '나는'과 '안 찍어' 사이 후보자 이름이 나올 자리에 구멍을 뚫은 것이다.

그 후 총선넷은 낙선 운동을 진행하는 과정에서 수시로 선관위와 협의했다. 기자회견을 할 때마다 선관위 직원이 매번 적게는 3명, 많게는 10명까지 나왔지만 단 한 차례도 중지를 요청한 적이 없었다. 현장에서 문제를 지적받은 것은 한 번뿐이다. 이노근 새누리당 후보 선거사무소 앞에서 있었던 기자회견에서 이후보 쪽 지지자들이 거세게 항의하자, 참가자 일부가 시민들을 상대로 발언했던 것을 '집회로 볼 수 있다'며 선관위가 지적한 것이 유일하다.

총선넷 내부에서는 "너무 법의 테두리 안에서만 활동하려는 것 아니냐"는 지적이 나올 정도였다.

그런데 서울시 선관위는 갑자기 선거일을 하루 앞둔 4월 12일 검찰에 총선넷을 고발했다. 총선넷이 정당과 후보자 이름을 뺀 구멍 뚫린 피켓으로 퍼포먼스를 진행했지만, 언론에 후보자 이름이 들어간 채 보도되면서 사후적으로 공직선거법 제93조 1항을 위반했다는 것이다. 또 총선넷이 진행한, Worst 후보를 고르는 온라인 이벤트를 여론조사로 보았다. 하지만 그 이벤트는 지역구 유권자를 대상으로 하는 여론조사가 아니라 모든 유권자를 대상으로 최악의 후보가 누구인지 설문에 응하게 하는 낙선 운동 이벤트인 만큼, 공직선거법상 금지되는 '정당에 대한 지지도나 당선인을 예상하게 하는 여론조사'가 아니었다.

선관위의 총선 전날 갑작스러운 고발도 배후가 의심스러웠지만, 검경은 한술 더 떴다. 두 달이 지난 2016년 6월 16일 경찰은 총선넷이 온라인상에서 선거에 관한 여론조사를 하고, 특정 후보에 대한 낙선 운동을 벌인 혐의로 참여연대 등 열 곳을 압수 수색했다. 경찰은 압수수색 영장에서 "피의자들은 치밀하고, 조직적으로 계획하여 이 건 범죄행위를 행한 것으로 판단되고, 증거인멸의 가능성이 농후한 상태이며 현재까지 확인된 피의자들 외에 배후 세력 등 추가 공범들을 의심할 만한 상당한 이유가 있다"라고 밝혔다.

── 총선넷이 2016년 4월 6일 서울 종로 오세훈 후보 사무실 앞 기자회견에서 사용한 '구멍 뚫린 피켓'. 사진 참여연대

2000년 이후 유권자 운동의 상징이 된 낙선 운동을 경찰이 갑자기 배후를 찾겠다고 압수수색하고 아이피 추적까지 시도한 것이다. 조직적 범죄행위로 취급하며 압수수색하는 것은 명백한 공권력 남용이자 표적 수사였다. 그러면서 압수수색 당시 하드디스크 자체를 통째 가져가는 것은 영장 범위를 벗어난 것이었다. 검경은 '증거인멸 가능성'을 언급하는데, 압수수색에서 가져간 모든 자료들은 이미 홈페이지에 공개되고 언론을 통해 보도된 내용이다. 공개된 증거를 인멸할 가능성을 우려해 압수수색했다는 점 자체가 말이 되지 않는다. 이후 22명이나 되는 총선넷 일꾼들이 박근혜 정권과 검경에 의해 무리하게 기소되어 현재까지 재판이 계속되고 있다. [2018]

1996년 8월
연세대에 있었던
이들에게

2016년 여름도 덥지만, 1994년과 1996년의 여름은 덥다 못해 뜨거웠습니다. 1994년 김일성 주석이 사망하면서 공안 정국이 무더위와 함께 한국 사회를 엄습했고, 1996년 여름 지독한 공권력의 폭염이 전국 대학가를 뒤덮었습니다.

1996년 여름 뜨거웠던 그때 나도 연세대에 있었습니다. 광복절을 맞아 한총련(한국대학생총연합회)이 주축이 되어 연세대에서 '제6차 범청학련 통일대축전'을 준비했습니다. 경찰이 원천 봉쇄한다는 소문이 돌아 미리 8월 11일과 12일부터 연세대에 들어간 이들이 많았습니다. 나는 연세대에 들어가기 전에 선배들이 운영하던 건설회사에서 일주일쯤 막노동을 했었습니다. 후배들의 통일 행사 비용에 기부할 돈을 마련하기 위해서였죠. 거금 30만 원을 들고 경찰이 철통같이 둘러싼 연세대에 들어간 날은 8월 13일이었습니다. 그것도 사수대를 맡은 학생들의 안내와 작전이 없었으면 어려웠을 겁니다. 요즘 말로 치면 '외부 세력'이 되겠네요.

8월 13일부터 15일까지 '통일 연세' 학생들을 포함해 전국에서 3만여 학생들이 모여든 것은 단 하나의 이유, 한반도 평화와 조국 통일을 호소하기 위해서였습니다. 그러나 그 꿈은 그해 여름 내내 무참히 짓밟히고 말았습니다.

보통 대학가에서 범민족대회라고 불렀던 8·15 통일 행사는 1991년 경희대를 시작으로 6년째 진행돼온 행사였습니다. 그동안엔 원천 봉쇄와 대규모 충돌을 거쳐도 행사가 진행되는 8월 14일쯤에는 학생들의 참가를 막지 않았고, 행사 마지막 날인 8월 15일에는 안전한 귀가를 보장하는 것이 관례였습니다. 더욱이 문민정부이기에 대부분 참가자들은 1996년 범민족대회도 당연히 그럴 줄 알았습니다.

물론 1992년 중앙대에서 열릴 예정이던 범민족대회는 사전에 경찰이 대회장에 침탈해 아수라장으로 만드는 바람에 개최가 불가능해지면서 장소가 서울대로 바뀌는 우여곡절이 있었고, 1994년 서울대 범민족대회에서는 경찰이 헬리콥터를 동원해 초강경 진압을 했습니다. 그래도 8월 15일 대회를 마치고 나면 안전한 귀가를 보장했고 추후 지도부만 구속되는 것이 보통이었습니다.

그런데 1996년은 유독 달랐습니다. 대회장 진입 자체가 예전보다 훨씬 힘들었고, 경찰은 수시로 캠퍼스 안으로 진입해 행사 자체를 진행할 수 없을 정도였습니다. 학생들은 사수대를 구성해 결사적으로 대항했고 물리적 투쟁(폭투)도 불가피했습니다.

여러 기록에 당시 연세대에 집결한 학생 수가 2만여 명으로 나오는데, 그것은 늘 경찰이 대회 의미를 줄이려고 저지른 공작이어서, 실제로는 3만 명 넘게 모였던 것 같습니다. 당시만 해도 전대협(전국대학생대표자협의회)과 한총련의 2대 행사(출범식과 범민족대회)에는 적게는 5만 명에서 많게는 10만 명쯤 모일 때였으니까요.

8월 15일 경찰이 주위 봉쇄를 풀지 않고 수시로 연세대 안으로 침탈하다가 한낮이 되어 주춤해진 와중이었습니다. 학생들은 더위와 피곤에 지쳐 교정 여기저기 흩어져 앉거나 누워서 휴식을 취하고 있었습니다. 이제 조금 있으면 학교 밖으로 나가 집에 갈 수 있을 것이라는 기대에 부풀어 있기도 했고요. 그런데 오후 4시경 경찰은 봉쇄를 풀기는커녕 대규모 병력을 연세대 교내로 진입시켜 대대적인 진압 작전에 나섰습니다. 결국 닷새를 끈 살벌한 대치 끝에 8월 20일 6000명 대학생이 연행되고 500명이 구속되고 말았습니다. 기록에 의하면 당시 김영삼 정권은 연세대 사건과 관련해 8월 20일 진압 작전 당일 총 5848명의 학생들을 연행해 그 중 462명을 구속했고, 3341명을 불구속 입건, 그리고 373명은 즉심 회부, 1672명을 훈방했습니다. 하지만 실제로는 연세대를 겨우 빠져나온 이들마저 추후 연행되거나 구속되었기에 6000명 연행에, 500명 구속이 정확한 수치일 겁니다.

보통은 어떤 큰 사건을 치르고 나면 기념식이나 관련 행사를 통해 그때를 기리는 경우가 많습니다. 연세대 사건보다 10년 전에 있었던 1986년 건국대 사건은 당시 '애학투련(애국학생투쟁연합)' 주도의 건국대 민주항쟁으로 역사에 기록됐고, 그때 참가자들은 2016년 올해 건국대 항쟁 30주년 행사도 준비하고 있습니다. 하지만 우리의 '1996년 연세대'는 10주년에도, 이번 20주년에도 아무런 행사도, 조촐한 모임도 없이 그냥 지나가고 있습니다. 그만큼 연세대 사건은 한국 사회에도, 당시 연세대를 기억하는 모든 이들에게도 뜨거운 감자이고 복잡한 평가를 동반하는 사건입니다.

난 지금 20주년 기념행사를 제안하는 것도, 당시 김영삼 정부가 저지른 만행을 다시 한 번 고발하려는 것도 아닙니다. 그저 당시 모였던 3만 학우, 연행되고 구속되었던 학생, 그리고 그들을 걱정했던 수많은 이들에게 20년 만에 동료로서 따뜻한 안부와 위로의 말씀이라도 건네고 싶습니다.

"20년이 지났군요. 잘들 지내고 있는지요? 우리가 그때 뭘, 얼마나 잘못했기에 그런 개돼지만도 못한 취급을 받았을까요. 당시 상처와 우울했던 추억에 대해, 지금은 어떻게 생각하는지요? 그럼에도 우리의 순수했던 학생운동 정신은 어떤 식으로든 잘 계승해야 하지 않을까요?"

이런 말씀을 하고 싶은 것이죠. 물론 "당시 우리 학생운동, 사회운동에는 어떤 문제가 있었기에 아가리를 벌리고 있는 범에게 그렇게 먹잇감이 되었을까요"라는 성찰적 회고도 함께 해보고 싶습니다.

1996년 여름 연세대에서 구속된 이는 2학년, 3학년 대학생들이 상당수였고, 내 단과대 후배도 여럿 구속되었습니다. 나는 연세대에서 기적적으로 빠져나오게 되어 구속을 피했기에, 후배들에 대한 죄스러움, 미안한 마음이 지금도 여전합니다. 얼마 후 94학번한 후배가 감옥에서 석방되어 환영회를 열었는데 후배는 술자리에서 내게 "한총련, 씨발놈들…" 하고 소리쳤습니다.

"아야, 후배님아. 한총련 지도부가 제대로 판단을 못 했다 하더라도 우리 모두가 한총련이고, 우리 스스로 판단하고 결정해서 갔는데 누구를 욕한단 말이냐."

나는 그렇게 점잖게 타이르고 설득하면서도, 당시 한총련 지도부의 결정은 지금도 큰 아쉬움으로 남아 있습니다. 많은 이들에게 '1996년 연세대'는 상처이자 우울한 기억이 돼 있습니다. 시간이 흘러 관련자들끼리 모인 술자리에서 평가를 해보려고 했더니 십인십색 의견이 달랐습니다. 다들 평가가 다른 것이죠. 이제 20년이나 지나 기억도 가물가물해지고 생각의 골도 더욱 깊어졌습니다. 그러니 기념식조차 못 하는 것이죠. 이 문제를 당시 지도부의 책임만으로 돌릴 수도 없습니다. 당시 정세에서 위기에 몰리고 지지율이 떨어지던 김영삼 정부에게 빌미를 준 것은 사실이지만, 그렇다고 매년 해오던, 조국의 평화와 통일을 호소하는 행사를 안 할 이유도 없었기 때문입니다. 양비론이 아닙니다. 연세대 사건을 연세대 항쟁으로 평가하는 것에 주저하는 이들도, 청년 대학생들의 통일·민주 투쟁이 폄훼되어서는 안 된다고 생각하고 있습니다.

당시 많은 동료와 후배들이 구속되자 나도 밥을 제대로 먹지 못했던 기억이 생생합니다. 열정과 순수가 가득한 시절, 나 대신에 누군가 구속되었다고 생각하니 밥맛이 나질 않았습니다. 마음속엔 분노가 들끓고 눈물만 그렁그렁한 채로 몇 달을 보내야 했습니다.

사람들은 묻습니다. 당신은 어떻게 거기서 살아서 빠져나왔냐고, 무슨 수를 썼기에 잡히지 않았느냐고. 8월 15일 나도 경찰의 강제 진압을 막고 일반 학생들을 보호하는 사수대 활동을 했습니다. 순전히 후배들의 안위가 걱정되었기에, 당시 '6학년'(91학번)이라는 노구에도 불구하고 사수대에 끼었습니다. 사수대를 맡은 복학생 88학번, 89학번, 90학번 선배도 여럿 눈에 띄었습니다. 다 후배가 걱정돼 달려온 '노땅'들이었습니다. 벌써 20년이나 지났지만 당시 그 진정 어린 마음을 보며 느낀 감동은 지금도 가슴속에 여전합니다.

격렬한 투쟁과 충돌 후에 학생들이 휴식을 취하던 오후 4시경, 난 부모님 말씀이 떠올랐습니다.

"학생회 활동을 하는 것은 좋은데, 둘째에 이어 막내까지 구속되면 우리 집안은 끝장이다."

그리고 난 당시 군 복무 중에 휴가를 나왔다가 연세대로 들어온 처지였습니다. 8월 16일 아침엔 복귀해야 했습니다. 내키지 않는 마음으로 연세대 이학관 앞에 누워 쉬는 후배들에게 양해를 구하고 "곧 나와서 보자"라는 미안한 인사를 나눈 다음 밖으로 나가기 위해 걸어 나왔던 것입니다.

바로 그때 나는 연세대 백양로의 끝자락에서 보았습니다. 교정으로 향하는 모든 문으로 대대적인 경찰 병력이 뛰어 들어오고, 최루탄이 일거에 전 교정을 뒤덮었습니다. 문민정부라는 이들이 학생들을 소굴에 가두고 자신들의 정치적 야욕에 따라 아예 전멸시키기로 결심했다는 것을, 군사독재 정권 시절보다 더한 폭력 진압이 자행될 것임을 직감했습니다. 그날 오전까지만 해도 오후에는 학생들을 귀가시킬 것으로 보였던 경찰이, 당시 청와대 비서실장이 연세대 앞을 직접 다녀간 후인(물론 그 시간 전에도 예년보다 훨씬 사나웠지만) 오후 4시쯤 대대적인 고립·섬멸 작전을 개시했습니다.

그 무섭다는 백골단이 선두에서 모든 학생을 상대로 포악한 표정으로 달려들던 그 시각 나는 딱, 백양로 위에 서 있었던 것입니다. 정문 쪽에서 교정 안으로 백양로를 있는 힘을 다해 뛰어 들어오던 백골단과 페퍼포그(장거리 다연발 최루탄 발사 차량)의 천지를 뒤흔드는 최루탄 발사음(빠빠빵빵빵, 빠바바빵빵)이 지금도 귓가에 생생합니다.

그 순간 나는 백양로 위에서 생각의 폭풍을 경험해야 했습니다.

'아, 이건, 완전한 진압, 섬멸 작전이다. 김영삼 정권이 미쳤구나. 전원 연행되고 큰 사건이 생기겠구나.'

'아, 내일은 군 복무 현장으로 복귀해야 하는데, 어머니께 오늘 저녁엔 무슨 일이 있어도 돌아간다고 약속했는데…. 우리 불쌍한 부모님, 작은형에 이어 나까지 구속되면 살 수가 없으실 텐데….'

눈물을 머금고 일단은 살아서 빠져 나가자는 결정을 했습니다. 지금까지도 후배에게, 연세대에 있었던 수만 명 동료들에게 미안한 마음만 가득한 대목입니다.

뒤를 향해 학생들에게 "무자비한 진압이다, 모두 도망가세요. 피하세요" 수차례 소리친 후에, 백양로 화단에서 흙을 움켜쥐어 머리와 얼굴에, 온몸에 내리치고, 침을 한가득 뱉어 얼굴에 문지르고, 머리를 헝클어뜨리고, 반팔 셔츠를 풀어 헤치고, 양복바지를 허벅지까지 걷어 올려서 '미친 사람' 행세를 했습니다. 그래도 안전이 보장되지 않을 것 같아, 아예 뛰어 들어오는 백골단 쪽을 향해, 다리를 절뚝이고 온몸을 비틀면서 미친 척 "뭐다냐, 뭐여" 소리를 지르면서 뛰었습니다. 큰 집회장마다 늘 따라오던 정신 질환 시민을 흉내 냈던 것입니다. 아니나 다를까, 교정 안으로 진격하던 백골단 부대가 내가 뛰는 방향에서 두 갈래로 짝 갈라지면서, 나를 피해 뛰어 들어가는 모세의 기적, 아니, 백양로의 기적이 벌어졌습니다. 가슴 아프지만 무사하게도, 나는 그런 행색과 정신 질환 코스프레로 연세대 백양로에서 신촌역까지 겹겹이 쳐 있던 경찰 봉쇄선을 유유히 뚫을 수 있었습니다.

이야기를 좀 길게 한 것은 그때 연세대에 있었던 이들 모두가 좋은 뜻으로 모였고, 또 구구절절한 사연이 있었을 텐데, 그 진심과 순수가 폭도로, 빨갱이로 몰린 것이 너무나 원통해서입니다. 그렇게 필사적으로 빠져나가야 할 상황에 있었던 이들이 나만은 아니었지만, 그날 많은 이들이 빠져나오지 못했습니다.

그 후 학생운동 지도부 일부의 경직된 정세관·운동관과 맞물려, 한총련을 일반 학생들로부터 고립시키려는 김영삼 정부의 공작이 성공하면서, 결국 한총련과 학생운동이 내리막길을 걷게 되는 결정적 사건이 되고 말았습니다. 어떻게 보면 연세대 사건보다도 그 후가 더 뼈아픈 이유가 여기에 있습니다. 무엇보다 학생과 국민들의 응원과 지지를 받아 설득력 있는 운동으로 나아갔어야 함에도 불구하고 당시 한총련은 고립과 외면의 길을 선택한 측면이 있습니다. 지금 생각해도 너무나 마음이 무겁고 학생운동의 고학번 일원으로서 책임감에 몸서리치지 않을 수 없습니다.

비록 20년이나 지난 올해 우리는 아무것도 못하고 '1996년 연세대'를 아프게 추억하고 있지만, 2017년 21년째는 조촐한 모임이라도 해봤으면 좋겠습니다. 당시 총학생회장이던 이들도 깊은

─── 1996년 8월 연세대 정문에서 대치 중인 사수대 학생들과 경찰 백골단의 모습.
사진 연세대 학생 · 허핑턴포스트코리아

책임감을 갖고 이후 사회에 진출한 모습을 확인할 수 있습니다. 1996년 당시 연세대 박병언, 중앙대 백주선, 한림대 이광철 님은 모두 그 일로 구속되었다가, 지금은 인권과 민생을 살피는 변호사로 민변과 참여연대에서 활동하고 있습니다. 그 외에도 많은 이들이 연세대에 들어갔던 그 뜨겁고 순수했던 마음을 간직하며, 세월이 흘러 빛도 바래고 부침을 겪은 와중에도 각자의 위치에서 열심히 살아가는 모습을 보여주고 있습니다.

우리들의 '1996년 연세대'는 20년이 되었지만 아무도 우리에게 안부를 묻지 않습니다. 연세대를 기억하는 우리끼리라도 서로 안부를 묻고 위로의 말을 건넸으면 하는 바람입니다. [2016]

전대협 진군가, 뜨겁고 순수했던 그 시절

1987년부터 1990년대까지 대학가에서 가장 자주 울려 퍼진 노래를 꼽으라면 많은 이들이 '전대협 진군가'를 꼽을 것이다. 전대협은 1987년에 출범해 1993년 한총련으로 진화할 때까지 딱 6년간 대학가의 대표 조직이었다. 시간이 꽤 흘렀지만 '전대협 진군가'는 지금도 불리고 있다. 촛불 집회가 끝나면 뒤풀이 자리에서 여전히 흘러나오고, 참여연대 홍성일 회원처럼 운전하면서 듣는 이들도 많다. 최근 '민변과 참여연대, 정의당을 좋아하는 사람들 모임'이 여의도 라이브 카페 '가객'에서 있었는데, 그곳 사장인 '노래를 찾는 사람들' 출신 가수 손방일이 30명 손님들과 함께 목 놓아 부른 곡도 이 노래였다.

비록 후신인 한총련의 활동이 여러 논란을 불러일으켰지만 전대협에서 한총련으로 이어지는 동안 청년 학생들이 이룬 헌신적 투쟁의 역사는 지금도 실로 창연한 기억으로 남아 있다. 전대협을 더욱 전대협답게 빛내주고 전국 대학생들을 민주화 투쟁에, 민중의 고통에, 분단과 민족 모순에 더욱 천착하게 만든 노래가 바로 '전대협 진군가'였다. 수십 년이 지난 지금 불러도 의분과 강개를 불러일으키는 신묘한 선율과 가사는 이 노래를 민가(민중가요)를 뛰어넘는 명곡의 반열에 올려놓았다.

이제는 벌써 27년이라는 세월이 흘러버렸지만, 전국의 91학번 들에게는 영원히 잊을 수 없는 사건이 명지대 1학년 강경대 학생 의 죽음이다. 그 당시 가장 많이 부른 노래가 강경대 열사가 좋아 했던 '투쟁의 한길로'와 '전대협 진군가'였다. 학생회 활동이라는 것이, 또 학생운동이라는 것이 보람 넘치기도 했지만 때로는 힘든 일이었다. 수많은 친구와 선후배가 죽거나 다치고 감옥에 갇혔는 데, 그때마다 '전대협 진군가'를 함께 부르면 놀라운 응집력과 투 쟁력이 되살아났다. 어찌나 이 노래가 유명했던지 〈한국민족문화 대백과사전〉에도 이 노래에 대한 설명이 실렸다.

"1989년 한양대 학생이던 윤민석이 작사·작곡하여 전대협을 상징하는 노래로 불렸던 민중가요."

윤민석의 초창기 대표곡이다. 촛불 혁명 과정에서 시민들이 가 장 많이 부른 '헌법 제1조' '진실은 침몰하지 않는다' 노래를 만든 장본인 바로 그 윤민석이다.

1993년 한총련이 출범한 후에는 한총련 진군가가 대학가에 많 이 울려 퍼졌지만, 이 노래만큼 인기를 끌지는 못했던 것 같다. 한 총련 진군가는 그 웅장하고 역동적인 선율에도 불구하고 가사가 학생 대중들이 따라 부르기는 부담스럽고 당시 학생운동의 주류 노선만 대변한 면도 있었다. 따져보면 가사 문제보다는 전대협이 구현한 시대정신과 인기를 한총련이 그만큼 구현하지 못한 점이 더 큰 영향을 끼쳤을 것이다.

이제는 시대와 환경이 크게 바뀌었고 나 스스로도 많이 퇴색했다고 탄식하지만, 그때 그 노래들을 불렀던 거친 현장, 참된 삶을 고민하는 마음은 여전히 가슴을 울렁이게 한다. 그러니 '전대협 진군가'를 내 인생의 노래로 꼽을 만하다. 노래를 함께 불렀던 모든 이들이 앞으로도 이번 촛불 혁명처럼 함께 열심히 실천하며 살아가면 좋겠다. 이제는 다른 생각으로 사는 게 당연하지만 민주·민중·민족을 생각했던 그 마음의 원형만큼은 함께 잘 간직했으면 한다. 마지막으로 수많은 명곡으로 우리 시대의 고통과 투쟁을 노래하게 해준 윤민석 형에게 깊이 감사한다. [2017]

참된 삶이란
무엇인가?

참된 삶이란 무엇인가. 너무나 고전적이고 진부한 질문이다. 톨스토이는 〈사람은 무엇으로 사는가〉라는 우화 소설에서 이 질문을 우리에게 던졌다. 사실 이 물음이 등장하는 시와 소설, 우화는 그 수를 헤아릴 수 없을 정도로 많다. 그만큼 익숙해져 간단히 지나치기 쉬운 물음이다. 그러나 내 가슴속에서 오늘도 여전히 소용돌이치는 거대한 질문이자 화두다.

내게 이 물음은 대학 시절 종종 흥얼거리던 한 노래에서 비롯했다. 그것은 끊임없이 존재를 휩싸는 열병 같은 탄식이었다. 힘들고 고달플 때, 앞날을 생각하면 막연한 불안감에 자신이 작게 느껴질 때마다 나는 그 노랫말을 읊조렸다.

그리고 이제 오랜만에 만난 친구에게, 대학 시절 함께 고민했던 벗에게 취기가 한참 오른 뒤 나지막하고 조심스런 목소리로 "참된 삶이란 무엇인가"를 묻는다. '참된 삶'이라는 고민의 경계는 늘 나를 지켜주고 채찍질하는, 이 세상에서 가장 버겁지만 아름다운 질문이다.

　나중에 그 노래의 제목이 '북녘의 노래'라는 것을 알게 되었다. '동무'라는 아름다운 우리말을 북쪽 사람들이 즐겨 쓴다는 이유만으로 외면하는 남쪽의 옹졸함과 비정상은 여전하다. 노래 가사를 소개해보려 한다.

　"세상에 태어나 생의 먼 길을 쉼 없이 걸어갈 때, 인간에게서 한없이 소중한 참된 삶이란 무엇인가." [2004]

윤민석 형이 알려준
'헌법 제1조'
잊을 수가 없다

사람들과 세상을 사랑하며, 시대적 상황에 따라 반드시 필요했던 노래를 만들어온 예술가 윤민석 형(평소 부르던 대로 '형'이라고 쓴다)이 아내의 암 투병으로 고통을 겪고 있다. 암과 사투를 벌이는 아내를 간병하며 하루하루 힘든 날을 보내고 있다. 시대를 뜨겁게 살다가 가난과 투병으로 힘겨운 생활을 하게 된 이들의 사연을 잘 알기에 소식을 듣자마자 마음이 아팠다.

도울 수 있는 길을 고민하다가 주위 동료들과 모금을 하는 것으로 형에게 미안한 마음을 삭히고 있었다. 그런데 어느 순간 곳곳에서 "윤민석과 함께 하자"는 외침이 터져 나왔다. SNS를 통해 부인이 암 투병으로 위중하다는 소식이 전해졌고, 시민들은 '헌법 제1조'의 밀린 저작권료를 우리가 내자며 모금 운동을 펼쳤다.

그래서 나도 용기를 냈다. 얼마 전 공연 쪽에서 활동하는 지인(연출가 김정환과 지정환, 안치환 전 매니저 윤소라)과 그동안 민석형에게 많은 도움을 받은 시민사회 단체 상근자(천주교인권위원회 사무국장 김덕진, 등록금넷 조직팀장 김동규, 참여연대 간사 최인숙, 경제민주화시민연대 간사 김선경 등)들과 함께 '윤민석 음악회'를 마련하기로 했다. 꼭 모금만을 위해 '9·15 윤민석 음악회'를 준비하는 것은 아니다. 음악회를 준비하는 과정 자체가 우리 시대를 복기할 좋은 계기라고 생각했다. 우리 시대가, 그리고 우리 세대가 민석형에게 진 빚을 이번에 갚고 다시 한 번 함께 해보자는 소박한 마음에서 음악회를 제안했다.

그와의 인연에 대해 말해보고 싶다. 윤민석 형은 시민사회 단체 상근자들 사이에서는 "일 터지면 꼭 나타나는 형"으로 통했다. 2002년 미국 장갑차에 의해 어이없이 희생된 여중생 신효순, 심미선 추모 촛불 시위, 2004년 탄핵무효 국민행동, 2008년 광우병 쇠고기 대규모 촛불 시위 등 시민 저항의 고비마다 그는 늘 시민들과 행동을 함께했다. 1980년대와 1990년대 초반 대학을 다닌 이들은 그의 노래 중에서 '전대협 진군가' '지금은 우리가 만나서' '결전가' 같은 곡을 기억하겠지만, 아무래도 최근 사회문제에 대해 관심을 갖게 된 이들은 '너흰 아니야' '헌법 제1조'를 더 많이 기억할 것이다.

그중에서도 '헌법 제1조'는 지금 사회 현실을 담은 가장 빼어난 노래라 할 수 있다. 형은 헌법의 의미를 가장 대중적으로 알린 사람이 아닐까 싶다. 그 노래를 통해 많은 이들이 헌법에 관심을 갖게 됐다. 최소한 헌법 제1조 '대한민국은 민주공화국이다. 대한민국의 모든 권력은 국민으로부터 나온다'라는 구절을 똑똑히 알게 됐다. 형은 그것을 경쾌한 리듬에 담아 단 5분 만에 따라 부르고 돌려 부를 수 있게 했다. 바로 헌법 제1조 정신이 짓밟힌 현실에 공감한 수백만 시민들이 2008년 촛불 시위 당시 이 노래를 빠짐없이 불렀던 것이다. 2008년 촛불 시위는 이 노래를 빼고는 설명할 수 없다.

2004년 탄핵무효 국민행동 때에도 마찬가지였다. 형은 어느 날 홀연히 우리 앞에 음반 한 장을 들고 나타났다. '너흰 아니야' '격문' 같은 노래가 수록된 사회성 풍부한 민중가요 음반이었다. 노무현 대통령이 부당하게 탄핵된 뒤 며칠 만에 형이 10여 곡을 작곡했다고 들었다. 2004년 거리에 나온 수십만 시민들은 지금도 '너흰 아니야'의 비판적 지성과 힘찬 가락을 기억하고 있다. 지금도 가끔 집에서 음반을 꺼내 이 노래를 들을 때면 잊었던 당시의 분노와 절규가 샘솟는 것을 느낄 수 있다.

우리 시대에 큰일이 터질 때마다 어김없이 우리 앞에 민석형이 나타났듯이 이제 우리도 그 앞에 나타나야 하지 않을까? 우리 시대의 많은 이들에게 직간접적으로 도움과 영향을 준 민중예술가 윤민석을 위해 9월 15일 한양대 노천극장으로 달려가자. 거기서 '헌법 제1조' '너흰 아니야'뿐 아니라 대학 시절 학우들과 함께 불렀던 명곡 '애국의 길'도 목 놓아 부르고 싶다. [2012]

헌법 제1조

글, 곡 : 윤민석

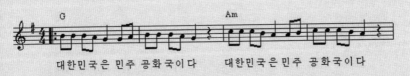

대한민국은 민주 공화국이다　대한민국은 민주 공화국이다

대한민국의 모든 권 력 은 국민 으로부터나 온 다

무일푼의 경찰서
연행자에게
돈 빌려준 '건대생'

1995년 소나기가 간간이 쏟아지던 여름이었다. 나는 청와대로 가는 길에서 비를 맞고 있었다. 기습 시위를 벌이려 모인 서총련(서울지역총학생회연합) 대학생 300여 명과 함께였다. 전두환·노태우 일당을 비호하던 김영삼 정부에 대한 항의 시위였다. 1995년 7월 18일 5·18 관련 고소·고발 사건을 수사해온 서울지방검찰청 공안1부는 전·노 일당을 포함해 고소·고발된 58명 전원에게 '공소권 없음'으로 불기소한다고 발표했다. 우리를 더 분노하게 만든 것은 검찰의 '성공한 쿠데타는 처벌할 수 없다'는 논리였다. 이성계의 위화도 회군은 처벌받지 않았다는 것이다. 현대 문명국가는 한순간에 봉건시대의 왕권 국가가 되었다.

시위가 벌어지자 곧 전경들이 학생들을 둘러쌌고 '닭장차' 여러 대가 오더니 학생들을 모두 강제 연행했다. 닭장차에서 내려서 보니 종로경찰서였다. 유치장으로 이동하는데 경찰들이 여학생들에게 폭행에 가까운 손찌검을 하는 것에 격렬히 항의했던 기억이 난다. 그날 우리가 격렬히 항의해서 그랬을까, 아니면 인원이 너무 많아서 그랬을까. 유치장 비슷한 곳에 우리를 격리해 감금해놓은 경찰들이 자정이 다 돼 풀어주었다. 그때만 해도 경미한 도로교통법 위반 시위에 대해서는 입건하지 않고 조기에 훈방하는 일이 많았다(이명박 정권의 경찰은 48시간 가둬놓거나 사사건건 입건하는 등 과잉 대응을 일삼았다).

일단 풀어준다니 기뻤다. 그 전에 몇 번 연행돼 즉심 판결을 받아본 적이 있어서, 판결까지 며칠 갇혀 있는 것이 얼마나 귀찮고 답답한지 알았다. 그런데 막상 경찰서에서 풀려나고 보니 수중에 돈이 한 푼도 없었다. 옆에 있던 함께 잡혀온 여학생 후배도 돈이 없었다. 시간은 새벽 1시를 향해 가고, 버스는 끊기고, 잠자리가 있는 학교까지 걸어가기엔 너무 멀고…. 난감했다. 그때 '마음 좋게' 생긴 함께 나온 한 대학생에게 부탁하기로 했다. 기약할 수 있는 거라곤 "'투쟁 현장'에서 다시 만나서 갚겠노라"는 말뿐이었다. 마음씨 좋게 생긴 대학생은 역시나 한마디 덧붙이지 않고 1만 원인지 2만 원인지를 빌려주었다. 15년 전이니 지금 돈으로는 3만~5만 원은 되겠다. 이름이나 연락처는 모른다. 다만 키가 크고 인상이 좋고 나보다는 후배인 92나 93학번이고 건국대 학생이라는 것은 확실히 기억한다.

그 건대생이 고마운 이유가 또 있었다. 함께 풀려난 후배는 내가 평소 호감을 갖고 있던 여학생이었다. 그 후배 앞에서 위기 상황을 침착하게 헤쳐 나가는 모습을 보여주고 싶었다. 대학 시절 연애를 한 번도 못 해본 내겐 마지막 기회라는 절박함이 있었다. 또 인연이 된다는 것이 이런 건지 우리 학교에서는 나와 후배 단둘만 잡혀 와서 '이때다' 싶었다.

학교로 가는 길에 출출하다며 남대문시장에서 내렸다. 시장의 정감 넘치는 활력은 우리 만남을 더욱 드라마틱하게 해주었다. 그리고 그 후 후배와는 더욱 돈독한 사이가 되었다.

안타깝게도 이후로 내게 돈을 빌려준 그 학생을 '투쟁 현장'에서 볼 수는 없었다. 지금이라도 혹시 그때 일을 기억하는 건대생이 있으면 꼭 연락주시라. 돈도 몇 배로 갚고, 밥도 술도 사고 싶다. [2011]

한총련을
궁지로
몰아넣지 말라

　저는 진중권 님이 벌이는 극우 보수 세력과의 중단 없는 투쟁에 큰 지지를 보내고 있습니다. 저 역시 그들의 공안 통치에 분개하고, 저 역시 스스로를 진중권 님과 같은 '좌파'라고 생각하고 있어요.

　하지만 진중권 님과 제가 다른 점은 민족해방그룹, 주체사상, 한총련을 바라보는 시각일 것입니다. 좀 더 정확히 말해, 자신과 다른 사상과 변혁적 전망, 경로를 갖고 있는 사람을 대하는 태도의 차이일 겁니다. 저도 분명 그들 진영 중 일부는 설득력이 떨어지는 사상적 요소와 북한에 대해 과도한 믿음을 갖고 있다고 느낍니다.

　하지만 그들에 대한 진중권 님의 단선적이고 적대적인 평가에 동의할 수 없습니다. 어떠한 존재나 현상이든 총체적이고 복합적인 접근만이 그 진실과 그늘을 제대로 파악할 수 있다고 생각합니다. 그들도 진중권 님처럼 1980년 5월 광주 학살에 대한 끓어오르는 분노로 사회운동을 시작했고, 당대 민중의 고통스러운 삶의 현실에서 독재 타도와 미제 축출이라는 구호를 외쳤으며, 결국 분단과 비인간적 자본주의 체제를 극복해야 함을 깨닫고 행동해온 사람들입니다.

그들이 진중권 님과 다른 것은 누구나 변혁 운동의 과정에서 한 번쯤 상상하거나 지향해보게 되는 대안 사회로 소비에트 사회주의와 북한 사회주의를 진지하게 검토했다는 것이고, 한반도 변혁의 최고 과제를 분단 극복과 미국 문제 해결이라고 생각한 것입니다.

현재 그들 중 일부가 현실 사회운동에서 심각한 오류를 범하고 있다면 그에 대해 계속 지적해야겠지만, 진중권 님의 말 속에는 그들을 대화와 설득의 대상으로 보는 것이 아니라 극우 세력과 함께 소멸시키고 정리해야 한다는 섬뜩함과 냉기가 서려 있습니다. 파시즘에 철저히 반대한다는 진중권 님이 그들에게 퍼붓는 독설은 파시즘 못지않게 가혹해 보입니다.

특히 어린 한총련 대학생들이 학생들의 직접투표로 학생회장에 당선되자마자 바로 수배자가 되어 쫓기고, 감옥에서 부모의 임종마저 지켜보지 못한 채 마녀사냥과 인권 탄압의 사각지대에 갇혀 있는 비이성적 현실 앞에서, 진중권 님은 최소한의 연민조차 느끼지 않는 것처럼 보입니다. 물론 진중권 님도 국가보안법은 폐지돼야 한다고 판단하겠지만, 바로 그 국가보안법 때문에 한총련 학생들은 처참한 처지에서 쫓기며 지금까지 3000여 명이 구속되었습니다. 바로 진중권 님이 갖고 있는 정치적 입장이라는 것과 진중권 님 특유의 냉기가 한총련을 더욱더 궁지에 몰아넣고 있는 것이죠.

그들의 사상과 세계관에 문제가 있다면 얼마든지 지적하십시오. 하지만 자기 나름대로 진정성을 갖고 헌신적으로 투쟁해온 그들에게 섬뜩한 독설과 극우 세력이 보이는 것과 별반 달라 보이지 않는 적대는 거둬주기 바랍니다. 그리고 책을 읽지 않는다든지, 인성 구조가 왜곡되어 있다든지, 무식하다든지 같은 인격 모독은 중단해주세요. 진중권 님 비판의 질만 떨어뜨릴 뿐입니다. 지면의 한계로 제 진실을 구체적으로 밝히지 못한 점 유감입니다. [2002]

장연희
아주머니를
소개합니다

　장연희 아주머니를 아시나요? 아마도 모르시겠죠. 오늘은 '내 여자 친구'가 아니라 울 아주머니를 소개하려 합니다.

　장연희 아주머니는 늘 가방에 천 바구니를 여러 개 갖고 다닙니다. 모두 아주머니가 버려진 옷감을 모아 직접 제작한 바구니지요. 비닐봉지 쓰지 말라는 당부를 하며 나눠준 천 바구니 수가 아마도 지금까지 1만 개가 넘을 겁니다. 때로 아주머니는 정성껏 만든 천 바구니를 각종 행사나 집회장에서 팔아 어려운 살림을 하는 시민 단체를 돕기도 합니다. 사람들은 "천 바구니가 너무 예쁘고 실용적"이라고 한마디씩 하곤 합니다. 아주머니와 함께 '비닐봉지 안 쓰기'를 실천해봤으면 좋겠습니다. 어떤 할인마트는 천 바구니를 가지고 가면 50원을 할인해주기도 하잖아요.

　천 바구니를 애용하던 내게 아주머니는 어느 날 떠먹는 요구르트 케이스를 깨끗이 씻어 만든 '컵'을 주었습니다. 당연히 그 컵은 이제 일회용 종이컵의 자리를 대신해 내 애용품이 되었지요. 종이컵 만드느라 얼마나 많은 산림을 파괴하겠느냐는 말씀도 잊지 않습니다. 아직 우리 주변에서는 종이컵을 쓰는 경우가 많죠? 종이컵과의 결별, 분명 불편하겠지만 아마 '아름다운 이별'이 될 것입니다.

나도 대학 시절에 '종이컵 안 쓰고 자기 컵 쓰기 운동본부' 실무를 맡았던 생각이 납니다. 대학 건물에 있는 50여 대 자동판매기에서부터 종이컵 대신 자기 컵을 사용하자는 캠페인이었습니다. 실제로 자동판매기에서 종이컵이 아예 안 나오게 해서 자기 컵을 사용하도록 유도하는 데까지는 성공했습니다. 당시 모든 학생들에게 예쁜 쇠컵을 나눠주었었지요. 그러나 처음엔 호응하던 학생들이 갈수록 불편함을 호소하면서 "종이컵이 나오게 해달라"며 거세게 요구하더군요. 결국 난 '에코eco 파시스트'라는 비난까지 듣게 됐지요. 그러다 10여 개월 만에 자동판매기에서 종이컵 사용을 재개하고 말았습니다. 그날 펑펑 울던 기억이 납니다. 일상 속에서 생활 습관을 바꾸는 일은 정말 쉽지 않습니다. 다른 이의 호응을 얻기 위해선 더욱 지난한 노력과 설득이 필요하다는 것을 깨달았습니다.

아주머니는 '종이컵 쓰지 않기'를 지금 30여 년째 묵묵히 실천하고 있는 것이죠. 참여연대에서 자원 활동하는 아주머니는 그곳을 드나드는 사람들에게 천 바구니를 나눠주고 깨끗이 씻어 만든 재활용 컵 등을 전달합니다. 아마도 그중 사람들이 제일 사용하기

—— 직접 만든 노끈 이쑤시개와 예쁜 천 바구니를 들고 있는 장연희 아주머니. 사진 정기연

꺼리는 물건이 노끈을 잘라 만든 이쑤시개일 겁니다. 내가 사용해 보니 참, 좋기는 한데 어쩐지 노끈이라고 하니 좀 망설여졌습니다. 그래도 아주머니는 나무를 잘라 만든 이쑤시개를 쓰느니 노끈을 깨끗이 씻은 이쑤시개를 쓰는 게 옳다고 정성껏 설명합니다. 지금도 참여연대 입구 안내 데스크에는 아주머니가 갖다 놓은 노끈 이쑤시개 수십여 개가 사용자를 기다리고 있습니다.

한번은 노순택 작가의 평택 대추리 사진전에서 아주머니가 국무총리실 관계자를 붙들어 놓고 '왜 이렇게 공직자들의 관용차가 (초)대형이냐'며 집요하게 설득하는 모습을 본 적이 있습니다. 자기 주변에서 아는 사람 몇몇이 차관급 공무원이 되었는데, '전용 차량이 에쿠스로 바뀌었다. 이럴 수는 없다'며 목소리를 높였습니다. 알고 봤더니 이해찬 전 국무총리 부부를 우연히 만났을 때도 한바탕 '교양 강의'를 했다고 합니다.

공공 영역에서부터 소형차를 타자는 아주머니의 외침은 지금 사회적 캠페인으로 발전했습니다. 현재 희망제작소가 오마이뉴스 와 함께 진행하는 '관용차는 혈세로 굴러 간다'라는 캠페인은 바로 아주머니의 제보와 제안에서 비롯한 것입니다.

또 한번은 컴퓨터를 사용할 줄 모른다며 16절 종이에 깨알 같은 글씨로 무슨 글을 적어 왔습니다. '김칫국물도 그냥 버리지 마라'라는 제목이었는데요. 글은 "김칫국물이 몸에 좋기도 하고, 그냥 버리면 수질오염도 되니까 절대 그냥 버리지 말고 비벼 먹거나 국을 끓일 때, 또 돼지고기 양념할 때 쓰라"는 호소를 담고 있었습니다. 아주머니는 도대체 아무것도 그냥 버리는 게 없는 분이었습니다.

한때 동아일보 해직 기자의 아내로 모질게 세상을 살면서 민주화 투쟁과 언론 개혁을 위해 항상 남편과 함께 투쟁해온 아주머니. 어떤 이들의 실천은 안타깝게도 '민주화'에서 그친 반면 아주머니의 실천은 생활 속에서 계속되고 있습니다. 자신의 삶을 통째로 친환경적으로, 생태 순환적으로 바꾸고 공익 단체에서 자원 활동을 하며 주변에 끊임없이 동참을 권하는 실천.

겨울에는 버려진 솜들을 엮어 만든 귀마개를 하고 다니는 아주

머니의 모습이 떠올라 웃음이 터져 나옵니다. 이 웃음을 여러분께 그대로 전하며 글을 마칩니다. [2006]

누가 잡상인과
구걸자에게
돌을 던지는가

　수도권 지하철역 곳곳에 '잡상인의 물건, 사지도 팔지도 맙시다'라는 취지의 경고문이 부착되어 있다. 대부분 생계를 위해 물건을 파는 사람들일 텐데 그들을 감히 '잡상인'이라고 비하하다니. 부당한 낙인이다. 또 현행 철도안전법상 퇴거 대상이 되고 경범죄처벌법 위반으로 처벌받기도 한다. 2013년 시행되는 개정 경범죄처벌법에 의하면 지하도 등 공공장소에서 구걸하는 사람은 10만 원이하 벌금형에 처한다. 생계를 위해 지하철에 나와 구걸하는 극빈층이 대상이다. 개정 전에는 구걸을 시킨 자만 처벌했는데 이번에 구걸하는 사람까지 처벌 대상에 넣었다.

　생존을 위해 몸부림치는 그들에게 무슨 죄가 있을까. 경고문은 잡상인과 구걸자에게 돌을 던진다. 죄가 있다면 너무 가난한 죄, 복지제도를 소홀히 하는 가혹하고 반인간적인 국가를 만난 죄가 전부 아닐까. 상행위도, 기부를 갈구하는 행위도 못 하게 하면 그들은 어떻게 살까. 결국 그런 식으로 자살하거나 범죄를 통해 생존하는 길로 내몰린다. 옛말에 '사흘 굶어 남의 집 담 안 넘을 놈 없다'고 했다. 정녕 우리 사회는 그들이 범죄를 저지르고 자살을 시도하기를 원하는 것일까.

표현부터가 너무나 가혹하다. 물건을 파는 시민을 함부로 '잡상인'이라고 낮춰 부를 일이 아니다. 그들은 그저 이동하면서 물건을 파는 '이동 상인'이다. '현대판 보부상'이라 할 수 있다. '구걸자'도 마찬가지다. 그들은 사회복지 제도의 사각지대에서 기초 생활을 누릴 권리를 자연발생적으로 해결한다. '비제도적 기초생활 수급권자' 또는 '길거리 기부 요청인'이라 불러야 한다. 치안과 복지를 담당하는 공공기관의 입장에서 보면 고마워할 일이다. 생계를 위해 도둑질하지도, 제도적 절차를 통해 복지 예산을 요구하지도 않으니 말이다. 잡상인이나 구걸자로 낮춰 부르며 이제 처벌까지 한다면 적반하장 격이다.

물론 이동 상인의 상행위와 길거리 기부 요청 행위에 길을 가던 시민들이 불편함을 느끼고 귀찮을 때도 있을 것이다. 그래도 살아보겠다는 그들을 일방적으로 매도해서는 안 된다. 그 전에 취약한 사회복지 구조, 실업과 일자리 문제가 심각한 현실을 돌아봐야 한다.

한국의 자본주의는 이처럼 날이 갈수록 가혹하고 비정해져간다. 그 살벌한 풍경이 극명히 펼쳐지는 곳이 지하철역이다. 시시콜콜한 시민의 일상까지, 시민사회가 자치로 해결할 영역까지 공권력이 침범해 처벌과 비하의 대상으로 삼는다. 지하철역과 지하철

내부에 대부업이나 구인 광고 같은 상업 광고가 난무하는 이면에는 사회적 모순이 도사리고 있다.

독일 베를린의 베스트하펜역은 우리와 다르다. 그곳에 가보면 세계인권선언이 다양한 글씨체로 새겨져 있다. 인권과 인간의 존엄성보다 더 소중한 가치는 없다는 사회 구성원들의 신념에 따른 퍼포먼스다. 사람들이 늘 지나다니는 곳에 그것을 만들어 누구라도 보게 하고 생각하게 하라는 뜻이다. 한 사회가 지향하는 바가 지하철역에서 확연히 드러난다.

우리는 지금 어떤 사회를 지향하는가. 지하철역에 대부업 광고가 넘쳐나고 이웃을 잠상인으로 모는 경고문이 모욕하는 사회인가, 세계인권선언문이 새겨져 있고 구성원에게 따뜻한 시선을 돌려주는 사회인가. 어떤 사회가 될 것인지 결정짓는 데에는 집권 세력의 인간과 세계에 대한 이해가 무척이나 중요하다. 그렇다면 결국 이런 문제에 있어서도 최종적인 해법은 정치가 된다. 좀 더 따뜻하고 인간적인 사회를 원한다면, 이번 총선에서 좀 더 인간적이고, 좀 더 따뜻한 정당과 후보들에게 투표해야 한다. 인간을 무시하고 사찰하고 탄압하는 세력이 아니라 인간의 존엄성을 최우선시하는 정당과 후보에게 표를 몰아줘야 한다. 그래야 인간적인 사회, 상식적인 사회가 가능해진다. [2012]

독일 베를린 베스트하펜역에 새겨진 세계인권선언문. "모든 사람은 태어나면서부터 자유롭고, 존엄과 권리에 있어 평등하다."

우리 가족이
겪은
지하철 파업

4월의 맑고 푸른 일요일, 서울대 노천극장 앞 잔디밭에 계속된 파업과 농성으로 지친 서울지하철노조 조합원들이 쉬고 있었다. 지나던 일부 등산객들이 별생각 없이 손가락질을 해댔다. 노조원들의 절박한 사정을 들어보면 차마 손가락질은 못 할 텐데…. 헌법이 보장하는 단체행동권을 행사하는 그들을 응원하지는 않더라도 비난할 수는 없는 것 아닌가.

잔디밭 여기저기에서 가족 간에 실랑이하는 모습도 눈에 띄었다.

"큰일 난다. 다 잘린단다. 다 잡혀간단다…."

평생토록 겪어온 권력과 폭력에 대한 두려움이, 이제는 자식 잘 키워 서울지하철공사에 취직시켜놓고 잊고 지냈던 그 두려움이 부모님의 주름살 위에 짙게 깔려 있었다.

"어머니, 언제 항복하면 살려준다고 해놓고 그런 적 있습니까? 경제를 망친 놈들이 누구인데 왜 우리가 죽어야 하는데요. 잘려도 같이 잘리고 끝까지 싸우는 것이 도리이고 승리하는 길입니다. 어머니, 어서 돌아가세요."

"못 간다, 이놈아. 내가 여기서 버티면 네놈이 나를 집에 데려다
주겠지, 이놈아."

온 국민이 보았어야 할 이 안타까운 장면은 파업 현장인 서울대
와 명동성당 곳곳에서 어렵지 않게 볼 수 있었지만 단 한 차례도
언론에 소개되지 않았다. 그 짧고 절박한 대화에는 한 가족의 아
픔에 깊이 뿌리 내린 사회적 모순이 잘 드러나 있었다.

지난 4월 한국은 온통 지하철 파업으로 술렁거렸다. 우리 집에
서는 그 술렁거림이 큰 고통으로 다가왔다. 둘째형이 서울지하철
노조 조합원으로 파업에 참여하고 있었기 때문이다. 회유를 위해
서울시에서 집에 두 차례 다녀갔고 매일 전화가 오다시피 했다.
부모님을 불안에 떨게 하는 비인간적인 사용자 측의 전술이었다.
부모님은 멀리 서울대 파업 현장에 찾아가 형을 설득했지만 그냥
돌아올 수밖에 없었고 걱정이 태산 같았다. 자식으로서 부모님의
근심을 덜어주려 별일 없을 거라고 말했지만 소용이 없었다.

그러다 무심한 햇빛이 쏟아지던 그날 어머니는 집에서, 나는 안
국동에서 서울대로 찾아갔다. 놀랍게도 형을 찾아 헤매던 내 앞에
실랑이를 벌이는 어머니와 형이 나타났다. 학생운동 전력으로 감
옥에 갔다 온 적이 있는 형은 이제 생존을 위해 또 감옥을 각오하
고 싸우고 있었다. 옥바라지에 가슴이 무너져본 경험이 있는 어머

니는 자식을 그 위험한 곳에서 빼내 와야겠다는 일념으로 물러나지 않았다. 그 자리에서 시민 어머니와 노동자 형님, 그리고 시민 단체에서 일하는 동생 사이에 삼자 회담이 이뤄졌다. 결국 어머니는 형의 완강한 태도와 모든 문제를 동료들과 함께 풀어가야 한다는 나의 중재(?)에 마지못해 집으로 발길을 돌렸다.

그날 밤 어머님은 공권력이 투입됐다는 소식에 잠을 못 이루었다. 비단 우리 집만 그랬을까? 왜 역사는 가족의 비극을 되풀이하게 만드는가. 왜 정권이 바뀌어도 달라진 것이 없는가. 한숨이 나오고 분노가 치솟아 올랐다. 착잡한 마음으로 형과 통화를 했다.

"너무 세게 부딪치다간 그나마 한 개혁도 깨지고 노동 형제들도 다 죽는 것 아닙니까?"

"안다. 알지만 어떻게 하겠느냐? 그런 고민이 들어설 틈이 없는 벼랑 끝에 우리 노동자들이 서 있는 걸."

"그래도 형, 좀 더 유연하게, 호흡을 가다듬으면서 싸워야 하지 않을까요?"

"아니다. 일단은 사람만 무조건 자르고 보는, 노동자들에게 고통을 전담하는 신자유주의 정권과 끝장을 볼 수밖에 없다."

"형님, 아무튼 힘내세요."

이게 파업 중이던 형과 나눈 전화 통화 내용이다.

왜 이리 4월은 잔인한가. 언론은 지하철 파업을 노동자들의 잘못으로 돌리며 대대적으로 몰아세웠고, 나라 밖에서는 유고슬라

비아 코소보에서 반인도적 폭격이 계속되었다. 두 폭격의 공통점은 인도주의와 '시민을 위한다'는 탈을 쓰고 진행되었다는 것이다. 참상이 악화될 것을 알면서도 유고슬라비아를 폭격한 미국과 시민 안전을 고려하지 않고 구조조정부터 하고 보는 서울시는 그 본질이 똑같은 게 아닌가. 시민의 안전을 앞세워 다른 이들을 생존의 벼랑 끝으로 몰아세웠다.

안국동에서 나는 생각한다. 함께 살아가는 사람들 사이에 존중과 관용, 연민과 연대가 넘치는 그런 사회를. 지금 지하철의 모순된 상황을 보며 한 시민이 이야기했다.

"시민도 노동자고 노동자도 시민인데, 조금씩 서로를 이해하자." [1999]

제2부

2016·2017년
촛불 시민들의 미담

　여러 여론조사와 퇴진행동(박근혜정권퇴진 비상국민행동) 자체 조사 결과를 종합하면, 국민의 3분의 1이 집회에 참여한 것으로 나온다. 집집마다 한 사람씩은 나왔다는 의미요, 최소한 1700만 명이 참여했다는 뜻이다. 겨울을 보내는 동안 여러 차례 나온 이들도 많았기에 연인원으로 치면 2000만 명가량이 역사의 광장에 우뚝 섰다고 할 것이다.

　시민들이 만드는 기적 같은 역사 뒤에는 소소하고 따뜻한 이야기가 많았다. 여섯 달에 걸쳐 온·오프라인 곳곳에서 촛불 집회가 열린다는 사발통문이 도는 동안 미담이 끊이지 않고 전해졌다. 미담이 그토록 많았던 데에는 무엇보다 전과 달랐던, 시민들의 집회 참여 방식이 큰 몫을 했다. 집회 때마다 전국 광장은 다양한 사적 모임과 행사로 북적거렸다. 광장 주변에서 동문회와 동창회를 비롯해 가족, 친지, 동호회, 동네, 직장인 모임 등이 열렸다. 시민들은 개인적 친분을 나누는 모임에 참석하는 방식으로 공적인 사회 참여를 진행한 것이다. 한 여론조사에도 '누구와 촛불 집회에 나왔냐'는 질문에 가족과 친구들과 나왔다는 대답이 90퍼센트쯤 나왔다. 한 사회의 공적·사적 영역이 이토록 조화롭게 어우러지면서 세상을 바꾼 일이 세계 역사상 또 어디 있을까. 그만큼 시민들의 공분이 컸고 공감대는 자연스러웠다.

스물세 차례 촛불 집회에 단 한 번도 빠지지 않고 나왔다는 한 시민은 "한 번이라도 빠지면 저 사람들이 국민을 우습게 볼까 봐" 매번 촛불 앞에 나섰다고 했다. 지인들끼리는 서로 전화해 '이번 주 집회에 나갈 것인지'를 챙겼다. 자기가 사정상 참여하기 어려우면 주위에 집요하게 부탁하는 일도 잊지 않았다.

"이번 주는 내가 해외 출장이라 촛불 집회에 못 나가는데, 그대라도 가서 머릿수를 채워야 해."

실제로 시민들은 박근혜 정권 탄핵과 퇴진의 고비 고비마다 놀라운 '정무' 감각을 발휘해, 집회 참가자 수를 늘려나가는 위대한 능력을 보여주었다. 자기가 불가피한 사정상 참여할 수 없을 것 같으면 지인들에게 참여를 독려한 시민들이 있었기에 이 같은 기적이 가능했다.

이렇게 열심히 참여하는 시민들을 보면서 너도 나도 고마운 마음을 감추기 어려웠던 모양이다. 광장 주변의 주점에서는 생면부지 옆자리의 식사나 뒤풀이 비용까지 계산하고 말없이 자리를 뜨는 시민들이 종종 있었다. 한번은 한 시민이 주점 안 모든 술값을 계산하고는 "시민 여러분, 고맙습니다!"라고 소리치며 인사하기도 했다. 힘겹게 집회를 마치고 귀가하는 지하철 안에서는 광화문역이나 광장 인근 역에서 전철을 타는 시민들에게 자리를 양보하는 모습이 수시로 연출되었다. 집회엔 참여하지 못했지만 앉아 있기 미안하다는 마음이었다. 지하철 기관사들이 "오늘도 정말 수고 많으셨다"라는 연대와 격려의 말씀을 방송으로 내보내어 화제가 된 적도 있다.

촛불 항쟁은 10월 말 가을에 시작해 겨울과 봄까지 이어졌으니 겨울 한복판을 지나야 했다. 몹시 춥고 눈발이 날리는 날이면 동네 약사 모임을 포함해 많은 단체가 핫팩을 준비해 와 시민들에게 나눠주었다. 가수 이은미와 이정석 등은 직접 핫팩과 촛불을 나눠주는 자원 봉사에도 참여했다. 광장 한쪽에선 대한전공의협의회, 인의협(인도주의실천의사협의회), 보건의료단체연합 같은 단체들이 무료 진료소를 운영했다. 서울지하철공사와 서울시는 광화문역에서 사람이 너무 많이 몰려 사고가 나지 않도록 집회 실무진들과 수시로 소통했다. 무정차 통과, 출입구 차단 등 적극적 안전 조치를 취하며 사고를 미연에 방지했다. 각 지방자치단체와 소방방재본부에서도 만일의 사고에 대비해 갖은 노력을 기울였다. 119소방안전복지사업단과 한국응급구조협회에서 응급 구조 차량을 광장 곳곳에 대기시켜놓고 시민들을 지원했고, 이 공간은 시민들에겐 수유실이나 노약자를 위한 휴식처가 되었다.

한꺼번에 쏟아지는 인파가 밀려 종종 미아가 발생했기에 퇴진 행동 실무진들은 미아보호소를 운영했다. 시민들도 가족이 올 때까지 부모를 잃은 아이를 따뜻이 감싸주고 지켰다. 세종대왕상 앞 무대에서 부모를 잃은 아이를 찾는다는 사회자의 안내가 나오면, 어떻게든 아이에세 가족을 찾아주는 신기한 일들이 계속 벌어졌다. SNS에 미아 소식을 함께 올리고, 아이를 찾으면 그 기쁨을 다시 SNS를 통해 전하며 제 일처럼 기꺼이 공유했다.

안전사고를 막기 위한 시민들의 집단 지성 또한 빛났다. 광장에 모인 사람들이 너무 많아 이동이 불가능했고 몸이 둥둥 떠다니는 느낌도 들었다. 그럼에도 서로 밀치지 않고 기다리면서 걸음을 조심했다. 응급 상황이 생기면 밀집한 인파 사이로 기적의 바닷길이 만들어졌다. 한 치 틈도 없던 사이가 한순간 좌우로 열리면서 급한 사람이 지나갈 길이 나타났다. 어떻게 그런 일이 가능했을까. 사회자의 안내에 따라 한곳에 몰렸던 인파가 좀 더 느슨한 곳으로 이동해 숨을 쉬었다. 무대 한편에서 수화 봉사자가 한시도 쉬지 않고 움직이며 말을 건네고 집회 분위기를 띄우던 모습을 우리 모두는 영원히 잊지 못할 것이다.

자원봉사자들의 수고도 잊을 수 없다. 모금, 질서유지, 안전조치, 촛불과 손 피켓 나눠주기, 집회 안내 등 그들은 한시도 쉬지 않는 일꾼이었다. 수백여 명의 일꾼들이 집회장 곳곳을 누볐다. 이

거대한 항쟁에 자원봉사로 참여한 시민들만 전국에 걸쳐 수만 명에 달할 것이다. 화장실 주변 공간도 잘 확보했다. 정작 자원봉사자들은 매 주말마다 서너 시간씩 화장실도 못 가고 형광색 조끼 차림에 형광봉을 들고 시민들의 곁을 지켰다.

집회 실무진들이 준비한 수천 장의 피켓과 수천수만 개의 양초를 집회 때마다 시민들에게 나눠주는 일도 자원봉사자들의 몫이었다. "피켓과 촛불을 나눠드립니다!"라고 줄곧 외치다 보면 어느 순간 목이 쉬거나 메었고 불쑥 내용이 무시무시하게 바뀌기도 했다.

"피켓과 촛불 나눠드려요. 피와 촛을, 피와 촛을 나눠드려요."

광장에 사람들이 많이 모여 혼잡하다 보니 분실물도 많았다. 시민들은 분실물을 줍는 대로 잘 챙겨 퇴진행동 상황실로 가져왔다. 돈과 귀중품이 든 손가방을 잃어버렸다가 다시 찾은 한 시민은 꼭 찾게 되리라 믿었다고 했다. "우리는 같은 목표를 갖고 뭉친 이들이 아닌가." 나중에 감사 인사로 귤 한 박스를 보내준 덕분에 상황실에서 일하던 일꾼들이 비타민을 보충했다.

집회나 각종 이벤트가 심야까지 이어지다 보면 밤늦은 시간에 귀가하는 시민들이 걱정되었다. 추운 날씨에 막차 버스를 기다리거나 불가피하게 새벽 첫차를 기다리는 시민들을 위해 여러 시민사회 단체들이 사무실을 개방했다. 청운동 쪽에서 환경운동연합과 민주노총, 참여연대 등이 차 나눔에 동참했고, 청와대로 올라가는 행진 코스에 있는 가게 커피공방은 늘 시민들에게 따뜻한 음료를 나눠주었다. 환경운동연합은 센터를 개방할 때마다 서촌 주민들이 마당에 불을 피워주고 텐트를 쳐서 함께 밤을 보내기도 했다. 그리고 시민들과 나눠 먹으라고 농민들이 보내주는 과일이 수시로 도착했다.

커피공방과 서촌 주민, 환경운동연합, 참여연대, 416연대, 한국진보연대 등이 2016년 마지막 날 '저녁 한 끼 나누기' 행사를 세월호 희생자 가족들과 함께 진행한 것도 큰 감동이었다. 세월호 참사를 잊지 말고 서로 힘내자는 의미로 하룻밤에 무려 4160그릇의 식사를 시민들에게 무상으로 제공한 것이다. 귀가하는 시민들을 위해 택시 타기 좋은 곳까지 카풀을 해주는 이들도 눈에 띄었다.

수능 시험을 준비하느라 집회에 나오지 못한 고등학교 3학년 학생들은 수능을 마치자마자 집회에 나왔고 자원봉사에도 적극 참여했다. 계속 자원봉사를 한다고 약속해놓고 당일 오전 자원봉사단에 "죄송합니다"라는 문자메시지를 보낸 학생에겐 사연이 있었다.

"오늘 수시 면접시험이 있는데 박근혜 퇴진만 생각하다가 깜박했어요. 죄송합니다."

이렇게 많은 열정이 모여 승리를 거둔 것이다.

집회 참여 연인원을 축소하고 왜곡하려는 박근혜 정권과 일부 경찰의 잘못된 행태에 맞서, '공공의창' 그룹과 우리리서치 기관들이 무료로 여론조사를 진행했다. 여러 과학자와 전문가들 또한 최첨단 방식으로 집회 참가 인원을 분석해 경찰의 과잉 축소 공작을 무력하게 만들었다. 무엇보다도 서울시와 서울교통공사 직원들이 광화문광장 인근 역의 하차 인원을 1년 전 이맘 때 그리고 지난주와 매번 비교해 실시간 인원과 누적 인원으로 알려줌으로써 집회 참가자 수를 과학적으로 추산할 자료를 제공했다. 그를 바탕으로 한 퇴진행동의 집회 참여 인원 추산은 대체로 정확하다는 평가를 받았고, 여론조사 기관들의 여론조사, 언론과 전문가들의 과학적 분석과도 거의 일치했다.

2017년 2월 우리나라의 미래와 촛불 항쟁의 전망을 논하는 시민 토론회에는 2500여 명에 달하는 시민들이 몰려들어 장충체육관 강당을 가득 채웠다. 좋은 세상을 바라는 간절한 마음이 모여 반나절 가까이 진행된 토론회는 한마디로 치열했다. 촛불 시민들의 집단적 사회 변혁 참여는 에버트 인권상 수상으로 이어졌다. 2018년 5월 촛불 항쟁을 기억하는 국내·국제 심포지엄에서 에버트 인권상 상장을 시민들에게 나눠주는 이벤트를 했을 때는 수천여 명의 시민들이 몰렸다. 인권상이 제정된 이래 개인이 아닌 특정 국가의 국민들이 수상자로 선정된 것은 처음이었다.

지금도 외국의 여러 시민단체와 언론, 정치인들이 한국을 찾아와 광화문광장을 탐방하고 촛불 혁명을 취재해 자기 나라로 전파

하고 있다. 일본에서는 아베 퇴진 운동을 촛불 집회 방식으로 진행하면서, 우리 촛불 집회 현장에서 늘 울려 퍼졌던 노래 '진실은 침몰하지 않는다'를 일본어로 번역해 불렀다. 이제 한국의 촛불 집회는 한국의 것만이 아니게 되었다. 세계 시민들에게 감동을 주는 데서 더 나아가 민주주의를 향한 시민 참여와 연대의 자극제가 되고 있다. [2018]

—— 2017년 3월 11일 20차 범국민대회. 촛불과 함께한 모든 날이 좋았다. 사진 퇴진행동 상황실

— 2016년 11월 광화문광장에서 대규모 촛불 집회가 시작된 이후 매주 일요일 오후 1시부터 광화문광장의 촛농을 제거한 자원봉사자들. 바로 한국예술문화원의 청소년들. 사진 퇴진행동 상황실

— 자원봉사단들의 활동. 사진 퇴진행동 상황실

— 자원봉사자들이 초와 피켓을 나눠주는 현장에 한 시민이 준비해온 돼지저금
  통을 놓고 갔다. 사진 퇴진행동 상황실

— 2016년 12월 24일 크리스마스이브에 무대 뒤편 상황실로 한 시민이 케이크와
  빵을 들고 찾아왔다. 사진 퇴진행동 상황실

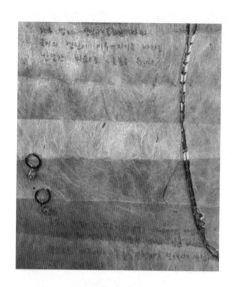

한 시민이 익명으로 자신의 목걸이와 귀걸이를 모금함에 넣어주었다. 사진 퇴진행동 상황실

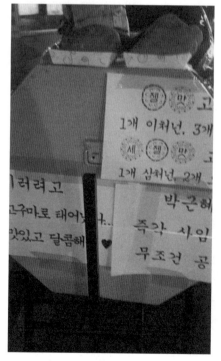

고구마 노점에 '박근혜 즉각 사임하면 무조건 공짜'라고 붙여놓고 있다. 사진 퇴진행동 상황실

촛불 하나로
서로를 비추던
그해 11월

2016년 10월 29일. 촛불 시민혁명의 첫날, 나는 지역에 일정이 있어(참여연대 광주·전남 지역 회원한마당) 다녀오느라 늦게 도착했다. 1차 범국민대회 장소였던 서울 청계광장에 얼마나 많은 시민들이 모일지 무척 궁금했다. 가파른 정세는 기대를 갖고 지켜보기에 충분했다. 9월 20일 한겨레는 미르·K스포츠 재단 중심에 최순실이 있다고 보도했고, 국회에서도 비선 실세 최순실이 국정에 개입한 의혹이 있다며 총공세를 폈다. 9월 25일 시위 도중 경찰이 쏜 물대포에 맞아 의식 불명 상태가 됐던 백남기 농민이 숨을 거두었고, 9월 28일에는 정유라의 이화여대 특혜 입학 의혹이 제기됐으며, 10월 19일에는 이화여대 학생 5000여 명이 대규모 시위에 나섰다. 10월 24일 드디어 JTBC의 태블릿 PC 보도가 나왔다. 막 모습을 드러낸 박근혜·최순실 게이트가 과연 정권 퇴진 시위로 이어질지 귀추가 주목됐다.

그날 3만여 시민들이 청계광장에서 촛불을 켰다. 집회에 모인 사람들의 면면과 분위기도 이전과 확연히 달랐다. 백남기 농민이 물대포를 맞고 죽임을 당하면서도 가지 못했던 광화문광장으로 용기 있게 방향을 틀어 행진하는 모습은 담대했다. 가슴이 뭉클했다. 경찰도 시민들의 광범위한 분노와 총체적인 투쟁의 분위기를 알아채고 1년 전 민중총궐기 대회 때처럼 포악스럽게 막지는 않았다.

광화문광장 쪽으로 행진해 나와 세종대왕상 앞에서 대오를 다시 정비했을 때다. 무리하게 막지 않는 경찰의 모습은 낯설었다. 예전 같으면 종로경찰서장이 "즉시 집회를 마치고 해산하라, 채증하겠다"라고 경고하고 압박했을 텐데 마이크에서 흘러나오는 톤이 달랐다. "나라를 걱정하는 국민들의 마음을 충분히 이해한다. 다만 시간이 길어지니 지금 해산하는 게 어떻겠냐"라는 취지의 차분하고 긍정적인 멘트를 한 것도 인상적이었다.

새벽녘이 되어서야 마지막까지 남은 수백 명 시민들이 집으로 발길을 돌렸다. 돌아가는 길에도 목 놓아 "박근혜 퇴진"을 외치는 모습이었다. 이때 시민들의 분노와 분위기가 심상치 않다는 걸 감지했고, 다음 주엔 더 많은 사람이 광장으로 나올 것이라 짐작했다. 아니나 다를까, 2차 범국민대회 때는 20만 인파가 몰려나와 광장 일대를 가득 메웠다. 3차인 11월 12일에는 드디어 서울에만 100만, 전국에 걸쳐 110만 인파가 모이는 기념비적 대항쟁이 벌어졌다. 1987년 6월 항쟁 이후 최대 인파였다. 2008년 촛불 집회 때보다 규모도 컸지만 시민들의 항쟁에 대한 합의의 수준과 공감대가 매우 높았다. 보통 논란이 발생하면 시위 규모가 줄어든다. 하지만 대통령 퇴진 여론이 압도적이었다. 집회에 참여하는 시민들의 요구와 취향이 다양했지만 연대의 질이 높았다. 권력은 '국민 위에' 있는 것이 아니라 '국민 위해' 있어야 한다는 것.

앞으로 5개월여 동안 지속될 시시각각 칼끝에 선 긴장감은 그렇게 시작되었다. 한 치 앞을 가늠할 수 없는 정국에 온 신경이 곤두섰다. 국회는 당시 새누리당이 탄핵 저지선을 점한 상태였고 정권교체는커녕 박대통령 탄핵소추안을 통과시키는 것도 안심할 수 없는 처지였다. 퇴진행동과 퇴진행동에 참여한 전국의 수천 시민사회 단체들은 오로지 시민들만 믿고 가자며 각오를 다졌다. 시민들 스스로 불길을 당긴 촛불 항쟁이기에 앞으로도 시민들이 주도할 것이라는 믿음이 있었다.

우리는 다만 지난번 집회보다 많은 수의 시민들이 광장에 모일 수 있도록 최선을 다해 매주 집회를 준비하고, 홍보하고, 안전하게 집회와 행진을 할 수 있게 장소와 공간을 확보하는 데 주력했다. 행진 신고에 연거푸 제동을 거는 경찰에 맞서 공익 소송 또한 줄기차게 진행했다. 4주 연속 참여연대 공익법센터가 경찰과 치열한 공방을 이룬 끝에 행진 금지통보 집행정지 가처분 재판에서 승소했다. 이로써 헌정 사상 처음으로, 부당한 권력이 쳐놓은 집회 금지 영역인 경복궁과 광화문 앞 대로(사직로–율곡로)가 시민들에게 열렸다. 그다음 청운효자동 주민센터로 가는 자하문길, 정부종합청사 창성동 별관으로 가는 효자동길, 동십자각 위로 가는 삼청동길에서 국민 행진이 현실화됐다. 박근혜 정권 퇴진이라는 일차목표를 넘어 부당한 권력의 금단을 깨뜨리는 민주주의 확대로 이어지고 있었다.

실제로 평화로운 행진이 계속됐다. 행진하다 경찰이나 탄핵 반대 세력과 충돌할 수 있으니 행진하지 말자는 의견도 나왔을 정도로, 평화 시위에 대한 시민들의 자부심은 대단했다. 11월 12일 3차집회 당시 청와대에서 1킬로미터 떨어진 경복궁역 내자동 사거리에서 경찰과 밤늦게 대치하던 중, 경찰 버스 위로 올라간 사람들이 있었다. 그때 시민들은 차벽을 오르거나 조금이라도 격한 행동을 하려던 이들을 향해 "내려와" "비폭력"을 외치고 대화하고 설득하며 어떠한 충돌도 발생하지 않도록 지혜를 발휘했다. 경찰버스에 꽃 스티커를 붙이고 나중에는 떼기 어려울 것 같다고 직접떼기까지 했다. 그렇게 저력을 모으고 논란은 최소화하는 평화 시위를 시민들이 집단 지성의 힘으로 만들어가는 모습을 보면서, 이번 촛불 집회가 '촛불 항쟁'을 넘어 '촛불 시민혁명'이 될 것이라예감했다.

1차 범국민대회부터 자유발언 신청이 쏟아졌다. 시민들의 자유발언은 2008년 촛불집회 때도 있었지만 이번에는 미리 정한 단체 대표들의 발언 양을 훌쩍 넘었다. 광화문 자유발언 무대 앞에는 금방 200명씩 줄을 섰다. 그 모습을 동영상으로 찍어 인터넷에 올리면 화제가 됐다. 예전에는 집회 무대에 올라 발언하면 경찰의 채증으로 불이익을 당한다며 주저했는데, 이제 전 국민의 응원 속에서 적극적으로 무대에 올랐다. 자유발언 무대를 늘려달라는 요구가 많아서, 퇴진행동은 11월 19일 4차부터는 행진하는 곳마다 무대 차량을 세워서 자유발언을 하도록 했다.

전국에서 수백만 시민들이 흔들림 없이 싸우기 시작한 지 5주째가 되던 11월 26일, 5차 범국민대회 때는 광화문과 전국 곳곳에서 박근혜 정권의 즉각 퇴진과 박근혜·최순실 범죄 행각 관련자들의 엄벌을 요구하는 190만의 촛불이 켜졌다. 눈과 비가 내리는 영하의 추위 속에서도 방한복을 챙겨 입은 인파가 평화적으로 집회에 참여하는 모습은 너무나 아름답고 장엄했다. 시민들은 정오부터 내리는 진눈깨비에 '하야 눈'이 온다며 기운을 냈다. 소를 끌고 나온 시민도 있었다. 깜짝 노래 손님으로 나온 양희은의 노래는 축복 같았다. 우리는 그날 청와대 200미터 앞까지 행진했다. 청운효자동 주민센터 앞에서 시민들은 5초간 함성을 질렀다. 청와대에서도 충분히 들릴 거리였다.

그날 촛불은 한국뿐 아니라 세계 민주주의 역사에서 큰 획을 긋는 기념비적 사건이었다. 박근혜·최순실 일당이 떨어뜨린 나라의 품격을, 시민들이 명예로운 시민혁명을 펼치며 다시 세계적 수준의 국격과 민주주의로 일으켜 세운 것이다.

그런 와중에 시민들은 박근혜·최순실 게이트의 핵심에 삼성을 비롯한 재벌이 똬리를 틀고 있다는 것을 알게 되었다. 국가와 비선, 자본이 손잡은 삼각 커넥션이 게이트 2막을 열었다. 범국민대회는 이제 박근혜·최순실 일당에게 뇌물을 주고 음성적인 로비를 한 재벌 집단에 대한 분노로, 정경 유착과 재벌 특혜를 폐기하라고 요구하는 목소리로 이어졌다.

고비도 있었다. 박근혜 대통령이 11월 29일 또다시 거짓과 남탓으로 일관한 3차 대국민 담화(사람들은 이를 "대국민 담 와"로 불렀다)를 발표해 분노와 절망을 더욱 부추겼다. 임기 단축을 포함한 진퇴에 대해 국회 결정에 따르겠다고 밝혔다. 대통령이 즉각 퇴진하라는 국민적 요구를 여전히 거절한 측면이 크고, 무엇보다 자신이 주범으로 주도한 중대한 범죄행위를 마지막까지 부인하며 변명과 궤변을 늘어놓았다는 점에서 시민들은 더욱더 분노했다. 최후의 순간까지 자신의 범죄행위를 단 하나도 인정하지 않은 채 자신의 진퇴를 여야 결정에 맡기겠다는 것은 전형적인 시간 끌기이자, 무책임의 극치였다. 사퇴에 방점이 있기보다는 국회에서 싸워보라는 거였고, 탄핵소추안 가결을 막으려는 꼼수였다.

그때 야당과 일부 정치인들이 흔들렸다. 대통령이 알아서 그만둔다는데 꼭 촛불 집회를 계속해야 하느냐는 공격도 있었다. 국회에서 탄핵소추안이 부결될지도 모른다는 우려가 급속히 퍼졌다. 결국 이를 걱정한 시민들이 12월 3일 6차 범국민대회에서 전

사진 퇴진행동

국 232만 명이라는 역사상 최대 규모의 집회 참여 인원이라는 기록을 세웠다. 이때가 촛불 집회의 절정이면서 큰 고비였다. 우리는 청와대 100미터 앞까지 나아갈 수 있었다. 효자치안센터까지 행진할 때 세월호 희생자 가족들이 선두에 섰다. 그렇게 가려고 했지만, 박근혜 정권에 의해 2년 반 넘게 한 발짝도 나아갈 수 없었던 세월호 참사 유가족과 시민들은 청와대 100미터 앞에 도착하자마자 누가 먼저랄 것도 없이 오열과 탄식을 동시에 터트렸다.

2016년 12월 9일 탄핵소추안이 가결된 뒤 집회 인원이 다소 줄었지만 그렇다고 촛불이 흔들린 건 전혀 아니었다. 주요 고비마다 오히려 박대통령과 추종자들이 더 많은 시민들을 광장으로 초대하는 형국(정규재TV 인터뷰 등)은 이후에도 반복되었다. 여섯 달에 걸쳐 이어진 촛불 혁명 중 가장 드라마틱한 시간이었다. [2018]

'시민운동'과
'시민' 사이의 거리

2008년 5월 2일이었다. 시중의 공기가 심상치 않았다. 이명박 정권은 출범하자마자 온갖 부당한 정책을 강행하고 있었고, 무엇보다도 한미 정상회담을 앞두고 4월 19일 광우병 위험 우려가 있는 30개월 이상 된 미국산 쇠고기를 '묻지 마' 수입하기로 미국 측과 굴욕적으로 협상했다. 4월 29일에는 MBC 'PD수첩'에서 '긴급 취재, 미국산 쇠고기, 과연 광우병에서 안전한가?' 편을 방영했다. 다들 이 같은 상황을 크게 우려했지만 정권 초기라서 행동에 나서는 것을 고민하던 그때, 행동하는 네티즌과 중고생들이 먼저 나섰다. 온라인 곳곳에서 시민 행동을 너나 할 것 없이 집단 지성으로 제안하고 토의하던 흐름이 그날, 그동안 한국 역사에서 볼 수 없었던 대규모 촛불 시위로 이어진 것이다.

깃발도 없었고 리더도 없어 보였다. 지극한 평화로움 속에서 이명박 정권에 대한 항의가 넘쳐나던 그날을, 나는 아마도 평생 잊지 못할 것이다. 훗날 2016년 10월 29일 서울 청계광장을 가득 메운 그 뜨거웠던 촛불의 배경이자 원조가 된 '2008년 5월 2일 청계광장 촛불'이었다. 긴 역사로 보면 2008년 촛불 항쟁은 '이명박·박근혜 반국민 정권의 9년 암흑기'에 맞선 1차 촛불 혁명의 발발이고, 2016년 2차 촛불 혁명으로 이어지게 만든 역사적 발판이었다. 2008년 5월 촛불부터 2018년 3월 이명박 대통령 구속 때까지를 10년 촛불 시민혁명의 시기로 규정해도 과언은 아닐 것이다.

이 1차 촛불 항쟁은 2008년 5월과 6월 오십여 차례에 걸쳐 청계광장과 서울광장 등에서 집회와 문화제 형식으로 열리면서 수백만 명의 범국민적 참여로 이어졌고, 8월까지 계속됐다. 참가 인원으로만 보자면 1987년 6월 항쟁보다 규모가 컸고 열기도 뜨거웠다. 광화문 일대 거리는 엄숙한 시위 현장이 아니라 축제의 현장이자 해방의 공간이 됐다. 쏟아져 나온 이슈만큼이나 즉흥적인 퍼포먼스와 놀 거리가 넘쳐났다. 정부는 광화문광장에 거대한 컨테이너 벽을 만들어 청와대로 촛불이 옮겨가는 것을 막으려 했다. 시위 참가자들은 이를 명박산성이라 희화화했다. 시민들은 겹겹이 쌓인 컨테이너 벽을 넘어갈 것인가를 두고 길거리 토론을 벌이기도 했다. 명박산성은 촛불이 정권 붕괴로 이어지는 것을 필사적으로 막으려는 두려움의 몸짓이었다.

이명박 정부의 잘못된 정책에 대한 비판과 저항이라는 공감대로 행동하던 촛불 시민들은 한반도 대운하와 주요 공공 서비스 민영화를 백지화하게 만들었고, 공정 방송 사수와 언론 개혁, 경쟁

격화 교육 문제, 비정규직 문제 등에도 적극 나섰다. 비록 정권 초기이고, 이슈가 건강 문제로 촉발된 점, 당시 정권 퇴진이나 정치세력 교체 등의 정치적 전망이 불투명했다는 점 등의 한계로 뒤로 갈수록 힘이 달리긴 했지만, 이명박 정권에 국민 위에 군림해 잘못된 정책을 함부로 자행하면 '큰일 난다'는 강력한 경고를 던졌다. 그렇게 우리 국민은 대규모 항쟁의 역사와 경험을 또 하나 쌓게 되었다.

성과도 작지 않았다. 시민들의 항쟁으로 지금까지도 상대적으로 안전한, 특정 위험 물질을 제외한 30개월 미만의 미국산 쇠고기만 수입되고 있고, 수입 검역 체계도 비교적 강화되었다. 또 한반도 대운하를 추진하지 못하게 만들었고, 의료 민영화와 경쟁 위주 교육에 대해서도 강력한 반대 의사를 보여주었다.

2008년 촛불 항쟁은 한국 사회에 큰 영향을 끼쳤지만, 무엇보다도 평범한 시민들이 주도했다는 점에서 의미가 크다. 시민사회단체와 사회운동 진영도 최선을 다해 참여했지만 역시 압권은 당시 중·고등학생들과 깨어 있는 네티즌 그리고 평범한 주권자들의 참여였다고 할 것이다. 기라성 같은 사회운동 단체도 못 하던 일을 '뿔뿔이 흩어진 무관심한 개인'이라고 치부되던 시민·네티즌이 해냈다. '십시일반'과 '집단 지성'의 힘이었다. 국민주권이라는 대한민국 헌법 정신을 온전히 이해한 평범한 시민들이 한국 민주주의 역사를 다시 쓴 것. 그것이 2008년 촛불 항쟁이 거둔 가장 큰 승리일 것이다.

시민·네티즌이 실제로 촛불 문화제와 가두 행진 현장에서 사회운동 단체보다 훨씬 적극적으로 항쟁을 일궈나간 것은 인터넷과 휴대폰을 통한 실시간 생중계로 촘촘히 이어진 연결망 덕분이었다. 지금 돌이켜보면 당시만 해도 트위터나 페이스북 같은 SNS가 대중화되기 전이었다. 만약 당시 SNS 사용자 수가 지금처럼 대단했다면 더욱 놀랍고 폭발적인 항쟁으로 발전했을 것이다. 물론 자발적으로 참여한 시민·네티즌의 힘과 사회운동 단체의 지혜와 경험이 굳건히 결합하면서 서로 상승효과를 냈지만, 촛불 항쟁 전 과정에서 보인 시민·네티즌의 주도성은 실로 대단했다.

지금 생각해보면 단순히 미국산 쇠고기 수입 때문에 학생들이 일어났던 건 아닌 것 같다. 정책을 국민적 동의하에 추진하지 않고 일방적으로 선포하고 밀어붙이니까 직접민주주의의 필요성을 다들 느꼈던 것이다. 촛불 항쟁의 한복판에서 사회운동 단체의 상근자들도 반성과 고민을 거듭할 수밖에 없었다. 진화하는 시민·네티즌의 참여와 감성을 보면서 우리 스스로의 낙후된 감성이나 더딘 판단의 문제들이 거울처럼 반사해 비쳤다. 상당수 시민·네티즌은 사회운동 단체라는 틀을 거쳐 촛불 항쟁에 참여하는 것이 무의미하다고 생각하는 듯했다. 물론 사회운동 단체의 노력과 활동은 적극 존중했지만, 단체들과 '함께 하는 것' 이상의 의미를, '실무적 주관을 인정하고 존중하는 것' 이상의 의미를 두지 않았다는 얘기다. 첫걸음부터가 완전히 다르지 않았던가. 평범한 시민·네티즌은 사회운동 단체들의 고색창연한 깃발과 자로 잰 듯 잘 만든 피켓과는 달리, 자신의 주장이 담긴 소박한 종이 한 장과 조용히 타오르는 촛불을 준비했다. 그 모습에 많은 이들이 감동했다. 누구도 상상하지 못한 신화를 만들어낸 것은 그런 참여의 직접성이었다.

촛불 항쟁은 가라앉은 후에도 가라앉지 않았다. 촛불 시민들의 사회 참여 정신은 사회 각 부문의 생활운동 속으로 더욱 '치열하게, 전투적으로' 퍼져나갔다. 시민사회 단체들은 '시민운동이 시민과 너무 멀리 있다'는 엄연한 현실을 주체적으로 비판할 시간과 마주해야 했다. 시민사회 운동이 상상력을 잃고 관성에 젖어 평범한 시민에게 감동을 주지 못하는 이유가 무엇인가. 수많은 이슈 파이팅에 몸서리치는 시민사회 운동이지만 시민들과의 거리를 좁히는 데는 전혀 바쁘지 않았다. 각각의 단체, 각각의 활동가가 맡은 바에 최선을 다했을지 몰라도 정작 모습을 보여야 할 곳에서 보이지 않았다. 오죽했으면 나라가 국민의 생명과 안전을 외면한다며 5월 2일 시민들 스스로 폭발했는데도, 많은 이들이 그런 조짐조차 모르고 있었을까. 좀 더 혹독히 말하면, 시민들이 중요하다고 생각하는 이슈와는 다른 길에 서서 시민사회 단체들끼리만 바빴던 셈이다.

지금도 한국 사회는 많은 이슈에 휘말려 있지만, 당시에도 수백 수천 개 문제가 있었다. 부동산과 집 문제로 서민들의 고통이 컸고, 자영업자들이 호소하는 과도한 신용카드 수수료 문제가 있었고, 교육비와 등록금도 중요한 관심사였다. 하지만 사회운동 단체들은 이슈별로 전문 분야를 다루는 몇몇 단체들에게 맡겨놓은 채 사회운동 전반의 네트워크를 만드는 일에는 여전히 소홀했다.

비정규직, 금융 소외자, 대중교통, 아파트 공간에서 삶의 질, 각종 공공 서비스(요금), 국민 먹거리 및 국민 건강 문제, 정보통신 분야 같은 문제는 당시만 해도 시민사회에서는 비주류 이슈였다. 시민의 삶에 직접적 영향을 끼치는 문제임에도 단체들의 대응은 미미하거나 초라했다. 이러한 상황에서 보통의 시민들은 자신들의 삶과 직결되는 사안에 시민사회 운동이 제대로 대응하지 못하고 있다고 느꼈다. 광우병 위험 미국산 쇠고기 수입 사태에 대해 시민운동이 관성적으로 반대하고 있을 때, 촛불 시민들은 그것을 놀라운 행동으로 보여주었다. 그 같은 간극을 통해 당시 시민사회 운동과 시민들의 거리가 확연히 드러났고, 그것은 향후 시민사회 운동이 더욱더 시민들 속으로 들어가야 한다는 뼈아픈 각성의 계기가 되었다. 이는 뜻있는 시민들이 시민사회 단체들의 건강한 변화를 견인한 것이고, 결국 2016·2017년 촛불 시민혁명을 전후한 상황에서 시민사회 단체들과 시민들의 찰떡 공조로 이어졌다.
[2018]

박재영
판사님에게

2008년 6월 25일 광우병국민대책회의(광우병 위험 미국산 쇠고기 전면 수입을 반대하는 국민대책회의) 조직팀장으로 활동하던 나는 서울 경복궁역 앞에서 경찰에 연행됐다. '미국 쇠고기 수입 장관고시 철회와 재협상'을 요구하는 기자회견을 연 뒤 청와대 쪽으로 시민들과 함께 끈질기게 진행하려던 때다. 이후 집시법 위반 혐의로 구속·기소돼 재판을 받아오다가 구치소 영어 생활 50일 즈음에 풀려났다. 8월 11일 서울중앙지방법원 형사6단독 박재영 판사는 두 번째 공판, 보석 허가 여부를 심문하는 자리에서 내게 다음과 같은 질문을 던졌다.

"풀어주면 촛불 집회에 다시 나가겠느냐? (…) 야간 집회 금지 조항의 위헌성 논란이 있는 만큼 자칫 양심의 자유를 침해할 수도 있다는 생각이 든다. (…) 재판부 입장에서는 보석을 결정함에 있어 이 질문을 던질 수밖에 없다."

피고인석에 앉아 있던 나는 이렇게 대답했다.

"낮에 이뤄지는 집회에는 참여하겠으며, 일몰 후 이뤄지는 집회의 경우에는 문화제 형식의 합법 집회에 참여하겠다. 구속된 50여 일 동안 촛불 집회 실무자로서 손을 뗄 수밖에 없었던 만큼, 집회에 참여하더라도 한 명의 시민으로 참여하겠다."

박재영 판사가 다시 말했다.

"그 같은 답이 스스로 정체성을 부인하는 말은 아니다. 어려운 의사 표현에 감사한다."

며칠 뒤 한 보수 신문이 박판사의 발언을 문제 삼으며 "판사가 불법 시위를 한 피고인을 두둔했다"고 보도했고, 사설에서는 "법복을 벗고 이제라도 시위대에 합류하는 것이 나을 것이다"라고 공격을 서슴지 않았다. 법관의 독립성에 대한 명백한 침해였다.

나는 보석으로 풀려난 날, 야간 옥외집회를 금지한 집시법 제10조는 위헌이니 위헌법률심판을 제청해달라고 재판부에 신청했다. 당시 해당 재판부를 맡고 있던 박판사는 2008년 10월 9일 내 신청을 받아들였다. "집시법 제10조는 '모든 국민은 언론·출판·집회·결사의 자유를 가지며 이들에 대한 허가는 인정되지 아니한다'는 헌법 제21조와 정면으로 배치되는 위헌적 조항"이라며 헌법재판소에 위헌법률심판을 제청한 것이다. 집시법 제10조의 위헌성에 대해 재판 중에 판사가 피고인의 신청을 받아들여 위헌법률심판을 제청한 것은 그때가 처음이었다.

문제의 집시법 조항은 "누구든지 해가 뜨기 전이나 해가 진 후에는 옥외집회 또는 시위를 하여서는 아니 된다. 다만, 집회의 성격상 부득이하여 주최자가 질서유지인을 두고 미리 신고한 경우에는 관할 경찰관 서장은 질서 유지를 위한 조건을 붙여 해가 뜨기 전이나 해가 진 후에도 옥외집회를 허용할 수 있다"라고 규정하고 있다. '해가 진 후'에는 집회나 시위가 원칙적으로 금지되고, 경찰서장의 허가를 얻었을 경우에만 (시위는 제외하고) 집회를 열 수 있다는 것인데, 누가 보더라도 헌법 이념에 어긋나는 위헌적 법률 조항이었다.

　나는 그때 50여 일 만에 보석으로 풀려났지만, 이후 박판사는 보석을 허가하고 위헌법률심판 제청 신청을 받아준 일로 커다란 곤혹을 치렀다. 곧 이어진 '신영철 파동'은 우리 사회에 큰 파장을 일으켰다. 집시법 위헌법률심판 제청으로 촛불 사건 재판이 중단되었는데, 신영철 당시 서울중앙지방법원장이 재판을 맡은 단독부 판사들에게 재판을 속행하라는 취지의 이메일을 보낸 것이다. 당시 서울중앙지방법원장 일당이 위헌법률심판 제청을 전후해 박판사나 다른 판사들을 수차례 따로 불러 재판 진행에 대해 압력을 행사했다는 의혹도 함께 드러났다. 법원장의 그러한 행동을 압력으로 느끼지 않을 판사가 있었을까. 박판사는 위헌법률심판을 제청하는 순간 사표를 결심할 수밖에 없었을 것이다.

　그 후 박판사는 2009년 2월 "지금과 같은 정부의 모습에 진정

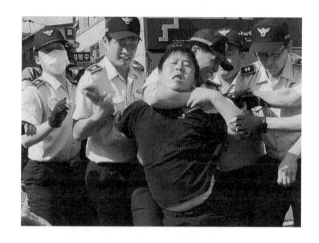

2008년 6월 25일 전경들에 의해 강제로 전경 버스에 태워지는 모습. 뒤에서 팔로 목을 조르고 두 팔을 비튼 채 전경 버스에 태우는 이 스냅 사진은 촛불 시위를 상징하는 장면 중 하나가 되었다. 사진 유성호

2008년 8월 11일 구속 50여 일 만에 보석으로 석방된 뒤 서울구치소 앞에서 소감을 밝히고 있는 모습. 사진 한국노동방송국

성이 느껴지지 않고, 앞으로도 바뀌지 않을 듯해서 공직을 떠나기로 했다"며 사직서를 내고 법원을 떠났다. 헌법재판소는 2009년 9월 24일 집시법 제10조의 야간 옥외집회 금지에 대해 헌법불합치라고 결정했다. 야간에 거리에서 집회를 못 하게 한 조항이 위헌이라는 판결을 받은 것이다. 그 조항은 2010년 6월 30일까지 한시적으로 적용되다가 국회가 따로 집시법을 개정하지 않으면서 결국 효력이 없어졌고, 국민들은 그 후부터 저녁에 평화롭고 정당하게 집회를 할 수 있게 되었다. 당시 촛불 시민들이 공정한 재판을 받을 수 있도록 애쓰고 위헌법률심판 제청 신청을 받아준 박재영 판사에게 깊이 감사드린다. 박판사가 신청을 받아준 덕분에 국민 기본권 신장과 직결되는 중요한 헌법재판소 결정이 내려지게 됐다. 하지만 그 일로 인해 당시 서울중앙지방법원장 일당에게 핍박받고 법복을 벗게 된 것은 아닌지 생각하면 지금도 가슴이 아프다. [2018]

잘 보십시오,
국민들이 폭도로
돌변하는지

그날 아침부터 "위헌 결정이 나올 것 같다"는 전화를 여기저기서 많이 받았다. 2009년 9월 24일 기자간담회에서 헌법재판소의 위헌 결정에 대한 환영의 입장을 밝히면서도 제일 먼저 떠오른 이는 박재영 판사였다. 다시 한 번 감사의 말을 전한다. 집회에 참가했다가 경찰에 불려가는 등 고초를 겪은 시민들에 대한 미안함을 조금이나마 덜게 됐다.

내가 야간 집회 금지를 규정한 집시법 제10조에 대해 위헌법률심판 제청을 신청한 것은, 위헌 여부를 명확히 가리지 않으면 당장 야간 집회에 참여한 수백만 시민이 모조리 범법자가 될 수 있겠다는 판단에서다. 야간 집회가 허용되면 시민들이 얻을 것도 분명했다. 낮에 학업과 생업에 바쁜 시민들이 저녁에 집회에 자유롭게 참여해 정치적 의사를 표현할 수 있게 되는 것이 중요했다.

국회는 헌법재판소의 헌법불합치 결정에 따라 2010년 6월 30일까지 관련 조항을 개정해야 했다. 그런데 한나라당은 집회 시간을 일률적으로 제한하는 집시법 개정안을 통과시키려 했다. 개정안은 야간 옥외집회 금지 시간을 기존의 '해가 뜨기 전이나 해가 진 이후'에서 '밤 10시에서 다음날 아침 6시까지'로 바꾸는 내용이었다. 그들은 줄곧 '집회 금지 시간'만 손보려 했다. 나중에는 '밤 12시에서 다음날 아침 5시'로 시간을 변경하면서 일부 조정한 양보안이라고 큰소리쳤다. 6월 임시국회가 끝나기 전에 속전속결로 강행하려는 시도도 있었다.

문제는 분명했다. 시민들로선 정치권력이나 경제권력에 맞서 (또는 다른 여러 사안으로) 밤을 새워 항의하는 철야 농성이나 철야 집회를 해야 하는 경우가 있을 수 있다. 동서고금 역사에서 그런 행동은 늘 존재해왔다. 노무현 전 대통령 추모제와 1주기 추모 집회도 자정을 넘어서까지 진행됐다. 예를 하나 더 들어보자. 일본의 식민 지배를 합리화하고 한일 관계에 대해 망언을 일삼는 어떤 인사가 밤 12시부터 다음날 아침 5시까지 한국에 입국하거나 출국하는 경우, 시민들은 그런 망언에 항의할 수 있어야 한다. 한나라당 개정안대로라면 이 역시 불법이 된다. 헌법상 기본권은 그런 경우까지 고려해 완벽히 보장되어야 한다.

당초 헌법재판소는 집회·시위 허가제를 원천적으로 불허한 헌법 제21조에 비춰볼 때, 야간 집회 금지와 관할 경찰서장의 조건부 허용을 규정한 집시법 제10조는 헌법에 어긋난다고 결정했다. 헌법이 보장한 기본권을 본질적으로 제한해서는 안 된다는 취지였다. 그런 의미에서 한나라당의 '집회 금지 시간' 개정안은 헌법 재판소 결정을 왜곡한 처사였다. 한나라당은 헌법이 보장한 기본권을 '집회 금지와 허용 시간 문제'로 완벽히 착각했다. 어떤 인권이나 헌법적 기본권이 낮과 밤에 따라 차별적으로 보장되는가. 그들의 논리는 밤 12시 이후에는 이를 인정하지 않겠다는 것과 같았다. 집회·비판·표현의 자유를 보장한다는 것은 그 자유와 권리에 관련해 시간, 장소, 형식, 내용, 인원 등에 대한 선택의 자유까지를 보장하는 것을 의미한다.

경찰이나 언론도 집회와 관련해 여전히 '허용' '불허'라는 표현을 쓰고 있다. 집회가 실제로 허가제로 운영되고 있다는 반증이다. 집회와 시위는 주최자들이 맘대로 하는 것이 맞다. 집회·시위의 자유는 집회와 시위를 할 자유뿐 아니라 자신들의 외치고 싶은 내용을 위해 자신들이 택할 수 있는 모든 방안을 동원할 자유까지 포함된다고 봐야 한다. 시위 도중 해골 분장을 하든지 복면을 하든지 무엇이 문제인가. 물론 그 자유의 범주에 폭력적 방법은 포함되지 않겠지만 말이다.

결국 법률 개정이 무산되면서 집시법 제10조의 야간 옥외집회 금지 조항은 효력이 상실됐다. 2010년 7월 1일부터 시민들은 야간 시기의 집회·표현에 대한 자유와 권리를 회복하게 됐다. 첫 합법 야간집회는 7월 1일 환경 단체들이 연 '4대강 죽이기 반대 집회'였다. 물론 이 역사적 사건을 기쁘게 공유하는 것이 아니라 저주를 퍼붓는 이들은 여전하다. 한결같이 흑색선전이다.

"밤이 되면 국민들이 폭도로 돌변할 텐데 이를 어쩌면 좋단 말입니까."

국민을 믿지 못하면서 모독하는 전형적인 권력자 논리, 국민 통제 논리, 민중 비하 논리에 기초한 주장이다. 솔직히 말해 그들은 집회·표현의 자유 자체를 싫어하고 못마땅해 하는 세력이다. 지금 야간 집회가 허가되는 것을 저주하고 부정하는 자들은 사실 국민이 더 많은 표현의 자유, 더 많은 비판의 자유, 더 많은 집회의 자유를 갖는 것이 두려운 것이다. 그들이 집회나 비판, 이견에 대해 무척이나 적대적인 태도를 보이는 것만 봐도 그들의 '반민주적' '반헌법적' 성격을 금세 알 수 있다. 그런 그들이 지금은 아무 말도 못하고 숨죽이고 있다.

'밤이 되면 국민들이 폭도로 돌변한다'는 주장은 전혀 근거 없고 통계상으로도 맞지 않다. 언론 보도를 종합해보면, 야간 집회가 허가된 첫 한 달 동안 어떠한 불미스러운 일도 발생하지 않았다. 오히려 주간 집회보다 더 평온했다. 촛불을 든 손은 분노한 심경마저도 평화롭게 해주는 힘이 있다. 물론 이후 야간 집회 현장에서 불가피한 충돌이 일부 발생할 수도 있다. 그러나 그것을 주간 집회에 더러 발생하는 충돌과 달리 해석할 근거는 없다. 이제 극히 예외적인 충돌을 제외하면 한국 사회의 집회·시위 문화는 평화적인 것으로 자리 잡았다. 얼마 전 캐나다 토론토에서 발생한 G20 정상회의에 대한 격렬한 반대 시위와 비교해보라. 그나마 그 충돌이라는 것도 경찰의 과잉 대응과 시민 봉쇄로 생긴 경우가 더 많다는 것은 국책 연구기관인 형사정책연구원의 연구 결과다.

또 야간 집회 건수가 늘어나면서 경찰력이 낭비돼 민생 치안에 공백이 생길 것이라는 우려가 있다. 이 역시 거짓이다. 현재 경찰에 신고된 야간 집회의 대부분은 대기업 등이 신고한 방어 집회다. 어느 국민이 저녁 시간에 일도 없이 집회를 일삼겠는가. 오히려 집회가 평화롭게 진행되도록 보장만 하면 되는 경찰이 너무나 많은 경찰력을 동원해 위협적인 분위기를 조성하고 충돌을 야기하는 것이 문제였다. 집회 인원은 50여 명인데 형사와 경찰은 그보다 훨씬 많이 동원된다.

다들 자고 있는 주택가에서 마구 소란을 피울 것이라고 야간 집회의 의의를 폄훼하고 국민을 분열시키는 세력도 있다. 어느 국민이, 어느 집회 주최자가 세상에 주택가에서, 심야 시간에 의도적으로 소란을 피우겠는가. 수면 시간대에 주택가에서 소란이 일어난다면 그것은 집시법이 아니라 형법상 경범죄로 예방하고 단속할 수 있다. 결국 시민들은 필요한 주제로, 필요한 장소에서, 집회의 효과를 극대화할 설득력 있는 방법으로 진행할 것을 고민할 것이다.

겉으로는 민주주의를 사랑하고 국민에게 봉사한다고 하지만,

마음속으로는 국민주권을 부정하고 한없이 국민을 깔보고 무시하는 세력들. 그들이 아직도 판치는 나라. 서글프지만 우리 모두가 열심히 활동할 수밖에 없는 이유다. [2010]

안진걸이
안수찬에게

"터질 것 같은 젊음은 없지만 인생을 깊이 이해하는 원숙함이⋯."

요즘 감옥에서 틀어주는 TV에 나오는 대사인데, 사람들이 나이가 들면 많이들 원숙해지잖아. 그러면 그만큼 패기나 피 끓음 같은 것을 잃어버리게 되나 봐.

수찬아, 우리는 원숙해지면서도 패기와 피 끓음 같은 것 잃지도, 잊지도 말자. 세월이 아무리 흘러도, 우리가 아무리 나이를 먹어도 용기, 피 끓음, 저항 같은, 사회에서 가장 아름다운 정신과 늘 함께하면 좋겠어. 예를 들면 지난 5월 2일 청계광장을 가득 메운 청소년과 네티즌들의 그 아름다운 촛불을 나이 든 시민들이 먼저 들고 나올 수 있는 그런 정신 말이야.

하하, 시작부터 좀 거창했네. 사실은 감옥에서도 TV를 볼 수 있다는 이야기를 하려 했던 것인데. 비록 자유를 빼앗기고 우리에 갇힌 슬픈 존재가 돼버렸지만 감옥은 옛날의 감옥이 아니더라. 안팎의 노력, 특히 인권 사회단체의 노력으로 감옥이 인권 친화적인 방향으로 많이 바뀌고 있거든. 여기서도 '사람들의 좋은 뜻이 그리고 말과 실천이 세상을 좋은 방향으로 바꾸는구나' 하고 절감하고 있어. 앞으로 더 좋아지겠지.

현재는 일요일, 운동이 허용되지 않는 날이야. 운동은 토요일엔 격주로, 평일엔 30분만 허용된다. 일요일은 접견도 안 되고 미결수의 경우 종교 집회에 참석할 수 없기 때문에 이 좁은 감옥 안에서 한 발자국도 밖으로 못 나가고 있어. 아무리 죄수라지만 너무 끔찍한 형벌을 일요일마다 겪는 거지.

흉악한 죄수한테도 인권이 있다고 하면 의아해하는 분들이 많을 텐데 "흉악한 죄수에게도 인권과 생명권이 있고 그것을 존중해주는 것 자체가 옳은 일이다. 이를 보더라도 보통의 사람에게는 얼마나 고귀한 인권과 생명권이 있겠는가. 모든 생명에게는 절대적으로 존중받아야 할 존엄성이 있는 것이다"고 했던 누군가의 가르침을 전해주고 싶어.

돌이켜보면 지금도 계속되는 국민들의 촛불 항쟁도 이명박 정권이 인간 존엄성의 기본인 생명과 건강을 무시한 정책을 막무가내 밀어붙이는 모습에 분노하고 저항한 것이잖아. 아무리 생각해봐도 생명의 존엄성보다 더 소중한 것은 없는 것 같아.

이윤과 탐욕에 사로잡힌 인간들이 초식동물인 소에게 육식을 시켜 살을 찌웠고, 그 결과 인수 공통 질병인 광우병이 발병한 것이잖아. 지금 현실을 보면서 생명 존엄성을 중심으로 세계를 재조직하는 것이 얼마나 중요한 일인지 곱씹어보고 있어.

전 세계 사회운동은 바로 이 지점, 자본과 제국의 탐욕이 생명 존엄성을 훼손하는 것에 맞서 저항하는 것이어야 하지 않을까 싶어. 애고, 감옥에서 이 생각 저 생각 많이 해도 나는 수찬이처럼 좋은 글이 나오지 않는구나. 이해해라.

다시 편지 이야기로 돌아가면, 수찬이가 보낸 편지를 읽어보고 바로 답장하려 했는데, 첫 감옥 생활에 검찰 조사까지 받다보니 경황이 없어 이제야 답장을 보내게 됐어. 7월 24일 첫 재판을 받았어. 국민의 생명과 안전, 더 나은 민주주의를 위한 촛불이 재판을 받고 있는 것인 만큼 촛불들의 마음을 모아 담담하면서도 당당히 재판에 임하고 있어.

감옥 생활이 7월 24일 현재 30일째야. 감옥이 예전에 비해 좋아졌다고 하지만 답답하고 갑갑한 마음을 숨길 길이 없구나. 솔직히 힘들기도 하고. 무엇보다도 촛불 시민들과 끝까지 함께해야 하는데 6월 25일 덜컥 구속돼 그러지 못하는 현실이 가장 안타깝구나.

그런데 여기서 몇 가지 생각을 하니까 힘이 번쩍 솟더라고. 먼저 지난날 민주주의와 통일을 위해 싸우다 수십 년씩 갇혀 지낸 선생님들을 생각하니 지금의 고생은 아무것도 아니라는 생각이 들어. 수찬이 네가 말한 것처럼 우리가 사회문제에 관심을 가진 1989년부터 최근까지 얼마나 많은 친구와 선후배들이 생사를 달리하고 감옥신세를 졌는지….

그 생각을 떠올리니 정신이 번쩍 들더라고. 우리가 대학에 입학한 1991년부터 1990년대 내내 수천 명 대학생들이 구속됐거든. 당시 힘들었던 것이, 난 운이 좋아서였는지 감옥이 나를 자꾸 비켜가는데 후배들은 구속되어 어머니들이 서럽게 눈물 흘리는 모습을 감옥 밖에서 지켜보는 것이었어. 이제야 그 빚을 조금이나마 갚는다고 생각하니 마음이 편해지더라고. 감옥 생활은 그런대로 잘 버티고 있어. 오히려 지금도 고생하고 애쓰는 조계사 농성단과 촛불 시민들에 비하면 호사를 누리는 것 같아. 혼자라도 108배에 동참해 미안함을 달래고 틈만 나면 재소자들과 촛불 이야기를 나누고 있어.

수찬이 네가 한겨레신문 기자니까 하는 말인데 이곳에서도 수감자들이 대부분 '조중동'을 보고 있어. 너무나 슬픈 풍경이지. 물론 나쁜 범죄를 저질렀거나 딱한 사정으로 수감된 이들도 많은데, 그런 딱한 사정, 잘못된 사회구조, 수감자에게는 일말의 연민도 관심도 없는 신문들을 보고 있는 거야.

내가 한겨레와 한겨레21, 경향신문, 시사IN을 마구 돌리고 있단다. 이 기회에 이 신문과 주간지를 수감자들에게 보내주는 운동이나 구독 캠페인을 하는 것은 어떨까. 정기 구독이 가능하거든. 이곳에도 촛불의 뜻에 공감을 표하는 사람들이 정말 많거든. 그런데도 촛불을 극도로 왜곡하는 보수 신문들을 보는 모습이 너무 슬프지 않냐?

마지막으로 내가 7월 23일 수요일에 7·30 교육감 선거를 위해 부재자투표를 한 이야기를 할게. 감옥에 갇힌 주제에 세상의 촛불들과 연대하는 방법이 뭘까 생각하다가, 이곳에서도 부재자투표가 된다는 것을 알고 그 나름 절차를 거쳐 신청했어. 동료 재소자들에게도 신청하자고 제안했고. 그랬더니 드디어 부재자투표를 할 기회가 7월 23일에 온 거야. 이명박 정권의 인정 사정 없는 반교육적 정책, 엄청난 사교육비 증가 정책에 당장 제동을 걸 후보를 위해 소중한 한 표를 행사했어.

너도 물론 투표를 하겠지만 7월 30일 교육감 투표를 모르거나 안 하려고 하는 사람들이 많다니까 걱정이야. 수찬이 너라면 이 중요한 행사를 널리 알릴 수 있을 것이라 믿어. 갇힌 이의 특권으로 부탁하는데 투표 독려 운동을 지금부터라도 열심히 하기 바란다. 촛불들의 염원이기도 하고. 이렇게 감옥에서도 TV를 보고(비록 구치소 측이 제공하는 프로그램만, 그것도 저녁 9시까지만 볼 수 있지만) 부재자투표를 할 수 있게 된 것을 보면 사회가 발전하는 측면이 분명히 있어.

문제는 인권과 민주주의를 후퇴시키는 이명박 정권이 엄연히 존재한다는 것이지. 아무리 생각해도 방법이 없는 것 같아. 몇 달간 보여준 그 아름답던 촛불을 계속 이어가면서 이 정권에 맞서 슬기롭게 저항하는 수밖에(좋은 수가 없는지 더 고민해볼게).

'한겨레의 안진걸' 소중한 벗 수찬아, 우리 힘내자! 촛불 시민들과 함께 우리가 할 일이 아주 많으니까. 서로 격려하고 북돋우며 '길고 굵게' 저항하고 사랑하며 이 시대를 살아가자. 난 이곳에서 네 말대로 반성과 성찰을 많이 할게.

못 쓴 글을 끝까지 읽어줘 고마워. 촛불의 남은 승리를 기원하며 감옥 안에서도 소박하지만 간절히 촛불을 밝히고 있으마. 언젠가 밖에 나가게 되면 더욱 열심히 살아야겠다. 그럼 안녕~.

— '참여연대의 안수찬' 서울구치소 179번

7월 24일 (목) 강제 구금 30일째, 광우병국민대책회의 실무자 안진걸이 씀 [2008]

날라리와
장수풍뎅이

급진주의 또는 급진주의자라는 말은 한국 사회에서는 '좌경 용공'에 늘 함께 붙어 다니는 단어였다. 급진 과격, 급진 좌경, 급진 용공 하는 식으로 쓰였다. 그런데 따지고 보면 우리가 사는 세상에 모순과 부조리가 이토록 만연한데 빠르게, 신속히 고치자는 것이 무슨 문제일까 싶다. 다만 일반 대중과 함께 하는 '대중적 급진주의', 세상 변화에 대한 전략을 설득력 있게 짜는 '호소력 있는 급진주의'라야 제대로 된 급진주의일 것이다.

급진주의와는 대척점에 있는 생각으로, 세상을 하나씩 점차적으로 바꿔나가는 '순차적 변혁주의'도 가능할 것이다. 시민사회에는 다양한 고민의 스펙트럼 속에서 급진과 온건이 공존하고, 그런 공존이 시민사회의 매력 중 하나다.

제이슨 델 간디오 교수(템플대학 공공커뮤니케이션)의 〈다른 세상은 가능하다〉라는 책을 보면, 급진주의가 아니라 신급진주의여야 한다는 말이 나온다. 신급진주의는 무엇일까? 간디오 교수는

"수사修辭를 핵심으로 하는 행동주의"라고 규정하고 있다. 기존의 급진주의가 세계 변혁을 위한 행동과 행동주의에 초점이 맞춰져 있다면, 신급진주의는 수사, 즉 말과 글, 표현과 선전 등을 변혁을 위한 핵심적 수단으로 하는 행동주의라는 것이다. 신급진주의는 사회 변혁을 지향하면서 사회 변혁과 '수사·언어'와의 관계에 착목하는 새로운 급진주의라고 하겠다.

"가능한 한 혁명적 자세를 유지한 채로 다양한 청중의 심금을 울려야 한다. 이 양날의 칼은 급진주의의 생명줄이다."

"가장 사랑받는 급진주의자가 가장 훌륭한 소통자"라는 간디오 교수의 말에 신급진주의의 핵심적 문제의식이 잘 드러나 있다.

레토릭이라고 하면, '으레 그렇게 표현하는 화법'이나 '진부한 설명' 같은 부정적인 느낌이 떠오르기 마련인데, 원래 수사는 설득하고, 추론하고, 분석하고, 현실을 창조하는 일에 필수적인 것이다. 진실하고 설득력 있는 수사가 사람들을 시민사회와 사회운동의 강력한 지지자로 만든다는 점에서 한국 시민사회는 수사학과 신급진주의에 착목할 필요가 있다. 좋은 뜻에 비추어 그것을 표현하고 소통하는 수사가 매우 취약한 한국 사회운동 현실에서, 간디오 교수의 메시지는 시사하는 바가 크다. 수사는 단순히 더 나은 표현을 위한 기술적인 세부에 머물지 않고, 운동의 내용에 버금가는 무게를 지닌다. 더 나아가 운동의 성패를 가르는 중대한 변수가 될 수 있다. 간디오 교수의 문제의식을 한국의 시민사회는 진지하게 경청할 필요가 있다.

그동안 사회운동 관련 집회를 보면, 주최 측의 주장에만 충실한 집회를 만들 뿐이지 집회를 통해 시민 대중과 소통하는 일에 무신경한 것은 아닌지 걱정될 때가 많았다. 집회에 감동이 부족하다. 앞쪽에 어김없이 높은 단상이 있고 깃발이 휘날리고 그 아래에는 단체 티셔츠를 입은 참가자들이 군데군데 모여 있다. 좋은 취지에 비해 지켜보거나 지나가는 시민들에게는 천편일률적인 느낌이 들 것이다. 주로 시민사회 단체 대표들이 연달아 마이크를 잡고 목소리 높여 연설을 하고 구호를 외친다. 나도 그런 발언자 중 한 명인 경우가 많았지만, 발언 내용도 비슷한데 연사가 너무 많이 나온다. 내빈 소개도 많다. 어차피 한 명의 시민으로 참여한 것인데 그렇게 많은 사람을 소개할 필요가 있을까. 중간에 문화 공연이 있긴 하지만 집회에서 차지하는 비중은 작은 편이다. 이 정도면 집회 참가자나 시민들을 너무 객체화 하는 게 아닌지 걱정될 때가 많다.

요즘은 나아지고 있지만, 나를 포함한 운동 단체 감성 위주의 집회는 보통 시민들이 들어갈 틈이 많지 않아 보인다. 심지어 집회 참가자마저 따분한 표정이고 그러다 보니 집회장의 모습이 전반적으로 산만한 경우도 종종 있다. 단상에선 결의가 높은 사람들 위주의 발언이 이어지는데, 전체 프로그램 중 다양한 시각에서 고민하고, 집회 이슈를 잘 모르는 시민을 설득하기 위한 시간은 마런되어 있지 않거나 턱없이 부족하다. 뭔가 이상하지 않은가. 어떤 지나가는 시민이 여기에 감동을 받을까. 물론 결의를 드높이고 투지를 보여주는 것도 좋다. 그것도 집회와 시위의 목적 중 하나일 것이다. 하지만 가장 큰 목적이 일반 시민들의 동의를 넓혀가는 것이라면, 한 사람의 지지자라도 더 만들기 위해 우리 모두가 고민해야 하지 않을까.

다행히 최근 집회는 일반 시민들의 입장을 배려하는 추세로, 아니, 아예 평범한 시민들의 감성과 느낌이 주도하는 집회로 바뀌고 있다. 기존의 사회운동계에서는 생각지도 못한 설득력 있는 말과 글, 수사와 언어로 많은 이들의 공감을 사고 있다. 2007년 4월 허세욱 선생 추모를 위한 촛불 집회에서 송경동 시인은 '별나라로 간 택시아저씨께'라는 시를 낭송했다. "진실을 향해 쏘아진 하나의 빛나는 화살촉"이라는 시구는 어떤 뜨거운 구호보다 시민들의 가슴속으로 바로 갔다. 선생의 서러운 삶과 분노를 그만큼 표현할 수 있을까.

2011년 1월 홍익대 청소·경비 노동자들의 농성을 지지하며 트위터 등에서 맹활약한 이들이 스스로를 '날라리 외부 세력'이라 칭한 것도 그러한 경우다. 날라리라니! 외부 세력, 연대하는 시민들에 대한 부당한 비난과 편견에 맞서 날라리라는 경쾌하고 재미있는 말로 반박하면서, 유쾌한 사회적 연대를 실현해버린 것이다. 또 틀에 박힌 형식에 따라 분노만을 일정하게 표출하는 집회의 엄숙한 참가자를 넘어 누구나 즐겁게 함께 참여하고 연대하자는 희망을 잘 담아낸 표현이기도 했다.

2011년 6월 반값등록금을 요구하는 대학생들의 촛불 집회에 배우와 방송인들(권해효, 김제동, 김여진 등)이 동참했을 때다. 등록금 집회를 지지하는 그들은 '날라리 선배 부대'라는 이름으로 모였으며 매주 광화문 KT 빌딩 앞으로 치킨과 햄버거를 사들고 왔다. 기성세대가 청년들에게 미안한 마음에 붙인 정겨운 이름이었다. 물론 촛불 집회에 참여하는 것을 마치 정치적 저의가 있는 듯이 몰아가는 세력이 나오자 이를 견제하기 위한 방편이기도 했다. 유명인들은 등록금 투쟁을 '즐겁게' 하라는 당부를 잊지 않았다. 어느덧 그동안 집회와 시위에 덧씌워진 엄숙함의 이미지가 조금씩 가시고 있었다. 이들이야말로 간디오 교수가 말한 제대로 된 신급진주의자가 아닐까.

일반 시민들이 다 그렇지는 않지만 상당수는 운동 단체들의 깃발에서 거리감을 느낀다. 집회장에 가보면 수십 수백 개의 깃발이 공간을 '커버'하고 있다. 그 광경이 역동적이고 압도적이기도 하지만 일반 시민들 사이에서는 논란을 일으키며 때론 좁혀지지 않을 거리를 만들기도 한다. 무대와 발언자를 향한 시야를 가려 관심과 집중을 방해하기도 한다. 물론 깃발 자체가 말 그대로의 시위여서 꼭 필요한 경우도 많다. 다만 어떤 대학, 노조, 단체, 정당

이 참가하거나 많이 왔다는 표시가 전체가 어우러져야 할 집회에서 너무나 과도히 표출되는 것은 아닌지 우리가 한번 점검해볼 필요는 있을 것이다.

어떤 경우 깃발 위주의 집회가 이루어진다는 것은 조직 대중만의 집회가 이루어진다는 자기 고백일 때도 있다. 자신이 속한 단체가 없는 시민은 어느 자리에 있어야 할지 민망해하기도 한다. 깃발 많은 집회에 참여하기를 주저하는 시민들도 있다. 집회는 열린 공간이고 공론장인데 비조직 시민 대중도 편하게 참여하도록 우리가 더욱 신경 쓰면서 그렇게 머뭇거리는 시민들을 챙겨야 한다. 물론 그 책임을 '깃발'에만 돌릴 수는 없지만 '넘치는 깃발'이 조직 대중이 주도하는 집회의 상징인 것은 분명하다.

그런데 지혜롭고 재치 넘치는 촛불 시민들은 이 깃발 논란마저도 슬기롭게 극복해냈다. 2016·2017년 촛불 집회에서 우리는 광화문광장에 몰려든 수많은 이색적인 깃발을 목격했다. 촛불 인파가 탄력을 받을 무렵인 2016년 11월 중순 '장수풍뎅이 연구회'가 화제를 모으자 그다음 주에는 '얼룩말 연구회'라고 적힌 깃발이 광장에 휘날렸다. 격하고 부담스러운 언사를 피하고 친근한 이미지를 내세움으로써 다양한 생각을 가진 시민들이 참여하고 있음을 역설적으로, 또 유쾌하게 표현한 것이다. 고양이를 그린 '민주묘총' 깃발은 조직 대오인 '민주노총'의 패러디었다. '전국고양이노동조합(전고조)' 깃발, '고산병 연구회' 깃발, 어느 초등학교 반창회 깃발도 있었다. 즉 시민을 비조직, 비대오로 바라보는 기존 인식을 꼬집는 동시에 기존 운동 단체들과의 조화를 시도한 것이다. '중심 없는 네트워크'의 시대, 다중의 시대에 누구라도 활동가가 될 수 있고, 또 이미 그것이 대세가 되어가고 있다. 그해 겨울 다양한 깃발 아래 사람들은 모이고 싸우면서 광장을 뜨겁게 달궜다.

앞으로 우리의 집회와 행동이 2016·2017년 촛불 시민혁명 집회처럼 지나가는 이들과 지켜보는 이들까지, 집회에 대응하러 온 경찰들, 취재하러 온 기자들까지 동조자로 만드는 감동이 있으면 좋겠다. 때로는 집회를 축제처럼, 한편의 뮤지컬처럼 진행할 수 있어야 한다. 물론 내용에 따라 그렇게 하는 것이 힘든 경우도 많지만, 누구나 부담 없이 참여하고 재미있게 공명하는 그런 집회를 우리 시민사회가 만들어갔으면 좋겠다. 조직된 대중을 넘어 비조직 시민 대중까지 함께 하는 집회라면 더욱 시민들이 넘쳐나면서 이슈 파이팅에도 큰 힘이 될 것이다. [2018]

1인 시위와
작은 집회를
예찬함

　요즘 도심 한복판을 걷다 보면 1인 시위를 하는 이들을 종종 볼 수 있다. 물론 나도 1인 시위 마니아라는 소리를 들을 정도로 여러 이슈로 직접 1인 시위 주자로 참여했다. 1인 시위는 평화적이고 사회적 비용이 거의 들이지 않는다. 치안력도 낭비되지 않으니 경찰도 얼마나 편한가. 소음도 전혀 없다. 시위자가 이처럼 조용하게 시위하는 경우는 없다.

　하지만 이명박·박근혜 정권에서는 광화문광장이나 청와대 앞에서, 내용에 따라서는 아예 1인 시위를 못 하게 했다. 한때 이명박 정권과 오세훈 전 서울시장은 어떠한 1인 시위도 하지 못하게 했다. 우리가 1인 시위를 하려면 주변을 경찰 방패로 둘러싸서 사람들의 시선으로부터 차단했다. 시위 현장에 같이 나온 두세 사람이 멀리 떨어진 채 지켜보기만 했는데 다중의 불법 집회로 간주해 처벌하기도 했다.

　그러던 중 반값등록금 1인 시위는 광화문광장을 1인 시위의 메

카로 만들었다. 2011년 4월 12일 광화문광장에서 시작된 반값등록금 릴레이 1인 시위는 400일을 훌쩍 넘어 진행됐다. 한마디로 '반값등록금이 될 때까지'였다. 2010년 10월에는 '노량진녀'로 불리던 한 임용시험 준비생이 한 달여간 1인 시위를 한 끝에 제도 개선을 이뤄 화제가 되기도 했다. 지금도 청와대 부근에서, 국회 앞에서, 법원과 검찰청 앞에서, 정부청사 부근과 광화문광장 일대에서 각양각색의 1인 시위가 전개되고 있다. 이제 1인 시위는 보편적인 시위 문화로 자리 잡았다.

1인 시위가 널리 알려지게 된 계기는 지난 2000년 12월 당시 참여연대 조세개혁팀장이던 윤종훈 회계사가 국세청 앞에서 삼성 이재용에 대한 변칙 증여와 탈세 행위를 규탄하며 과세를 촉구한 시위였다. 1999년 2월 삼성SDS의 신주인수권부사채를 이재용 등 몇 사람이 매수했는데, 그 구입 가격이 시가에 비해 현저히 낮았다. 매매를 가장한 변칙 증여였다. 우선 이재용을 국세청에 탈세 혐의로 고발했지만 계속 두고 볼 수만은 없었다.

그렇다고 국세청 앞에서 시위를 할 수도 없었다. 당시 국세청이 세 들어 있던 서울 수송동 서울종로타워 건물은 삼성생명 소유였다. 그런데 빌딩 안에 온두라스 대사관이 있어서 집시법상 외국 대사관 반경 100미터 이내에서 시위를 금지하는 규정에 걸렸다. 그때 궁여지책으로 강구한 방안이 1인 시위였다. 집시법에서 말하는 집회와 시위는 다수인의 참여를 전제로 한 것이기에 법에 저

2014년 6월 서울 광화문광장에서 국가직 전환을 요구하는 소방방재청
소방 공무원의 1인 시위

촉하지 않는다는 판단이었다. 여론의 호응이 커지면서 릴레이 1인 시위가 100명을 채우기도 전에 국세청이 삼성 측에 과세를 했다. 시민사회의 승리이자 1인 시위가 만들어낸 놀라온 쾌거였다.

1인 시위는 집회 방식을 다양화하려는 노력과 맞닿아 있다. 단상에서 내려다보며 대중을 선도하는 방식의 전형적인 집회에서 탈피하려 한 여러 노력들이 그동안 계속되었다. 다원화되고 탈권위적인 집회 방식이 필요했고 그런 점에서 1인 시위와 촛불 집회, 문화제형 집회는 좋은 모델이었다. 노력은 거기에서 그치지 않았다. 2006년 11월 경기 평택 대추리 미군기지 확장에 반대하는 싸움이 한창일 무렵, 대추리 주민과 문화예술인, 인권단체 활동가들이 광화문 이순신 장군 동상 앞 횡단보도에서 퍼포먼스를 30분간 진행한 적이 있다. 횡단보도를 건너면서 한쪽에 나란히 선 채 초상화를 펼치는 퍼포먼스인데 불법 시비는커녕 사회적으로 큰 호응을 받았다. 웬일인가. 횡단보도에서 파란불인 경우에만 일시적으로 뛰어나가 대추리 주민들의 얼굴이 담긴 대형 초상화를 전시하는 '찰나 전시회'를 연 것이다. 빨간불이 되면 인도로 돌아갔으니 교통을 방해하지 않는 합법적인 퍼포먼스였다. '대추리에 녹색 신호를'이라는 주제였다. 대기 중인 차량이나 지나가는 시민도 '색다른' 시위에 눈길을 주었다. 창의적이고 호소력 있는 집회 방식이 사람들의 마음을 사로잡았다.

보통 집회를 준비하는 측에선 많은 시민들이 모이는 데 초점을 맞추는 경향이 있다. 참가자 수 자체가 여론의 힘을 보여주기 때문이다. 사람들의 관심을 끌고 참가자 수를 늘려야 하겠지만 그것이 꼭 능사는 아니다. 자칫 집회의 목적이나 내용이 참가자 수로 평가받는 것은 곤란하다. 좋은 주제와 효과적인 퍼포먼스가 결합하면 사람이 적게 모여도 그 주장을 널리 알리고 시민들의 공감을 이끌어낼 수 있다. 또 정성껏 준비하고 끈기 있게 진행하는 소규모 집회가 기네스북에도 오르고 큰 호소력을 발휘한다. 대표적인 경우가 정대협(한국정신대문제대책협의회)의 수요집회와 민가협(민주화실천가족운동협의회)의 목요집회다. 비가 오나 눈이 오나 매주 수요일 일본대사관 앞에서는 수요집회가, 매주 목요일 탑골공원 앞에서는 목요집회가 진행된다. 길을 막지도 않고, 스피커 소리도 적당하며, 행진도 없는 이 집회들은 우리나라 집회의 대명사로 자리 잡았다. 물론 종군위안부 문제 해결과 양심수 석방이라는 대중적 주제를 택한 집회라는 점에서 기본적인 호응이 있겠지만, 평화적이고 어떠한 마찰도 일으키지 않는 집회 모습도 호응을 얻는 데 한몫했다. 소규모라 해도 평화적으로 지속하면서 설득력 있는 메시지를 준비하고 표현하는 집회에서 오늘도 우리는 많은 것을 배운다. [2016]

공평하고
저렴해요?

　이동통신 서비스를 규율하는 전기통신사업법은 제3조 3항에서
통신 요금 결정에 대해 이렇게 규정하고 있다.

　'전기통신역무의 요금은 전기통신 사업이 원활히 발전할 수 있
고, 이용자가 편리하고 다양한 전기통신역무를 공평하고 저렴하
게 제공받을 수 있도록 합리적으로 결정되어야 한다.'

　지금 한국에서 제공되는 이동통신 서비스는 '공평하고 저렴한
가'? 집집마다 매달 10만 원대에서 많게는 30~40만 원에 달하는
과도한 통신비에 시달리고 있으니 대다수 국민들은 그렇지 않다
고 할 것이다.

　이동통신 서비스 자체가 지난날 국민들의 세금이 직접 투입된
인프라와 전파와 주파수라는 공공재에 기초한 것으로 공공성을
띔에도, 한국에서는 민간 재벌에게 특혜 이양되면서 지금의 이동
통신 3사 사업 주체가 되었다. 3사가 수십 년간 국가의 허가와
보호 아래 자연 독과점 상태에서 폭리와 담합을 저질러온 것이다.

5대 3대 2이라는 시장 점유율로 가장 중요한 가격 경쟁도 거의 없이 손쉽게 돈을 벌고 있다. 이를 시정하려면 우선 통신 서비스의 원가를 확인해 3사의 초과 이윤과 요금 폭리를 거둬내는 일이 필수적이다.

2018년 4월 12일 대법원은 참여연대가 미래창조과학부 장관을 상대로 낸 정보공개거부처분 취소소송 상고심에서, 통신 요금 원가 산정 근거 자료를 공개하라고 판결한 원심을 확정했다. 영업 비밀이라는 이유로 그동안 공개하지 않던 통신비 산정 자료를 국민의 알 권리를 위해 공개해야 한다는 것이다. 대법원은 "이동통신 서비스는 전파 및 주파수라는 공적 자원을 이용해 제공되고 국민 전체의 삶과 사회에 중요한 의미를 가지므로 양질의 서비스가 공정하고 합리적인 가격에 제공되어야 할 필요가 인정된다"고 판단했다. "시장에 그냥 맡겨두어야 한다"거나 "국가는 기업의 일에 개입하면 안 된다"는 식의 시장만능주의 도그마가 깨지는 순간이었다.

이번 대법원 판결로 공개 대상이 되는 자료는 이동통신 3사가 정부에 제출한 2005~2011년간 2G·3G 이동통신 원가 관련 영업보고서다. 3사는 LTE 요금 원가 관련 자료 또한 곧 공개해야 할 것이다. 정부의 허가를 받아 딱 세 곳의 사업자들만 통신 서비스를 거의 같은 가격과 조건에 제공하고 있는 상황에서, 요금 경쟁력 악화나 영업 비밀이라는 논리는 일반 시장과는 달리 설득력이 전혀 없다.

앞에서 언급했듯이 이동통신 서비스는 정부의 허가를 받아야만 사업을 할 수 있고, 주식 소유 측면에서 외국 투자자의 점유율을 엄격히 제한하는 특수 영역이다. 지금 이동통신 3사가 해마다 거둬들이는 영업이익이 4조 원에 달한다. 회사 한 곳으로 치면 평균 1.3조 원쯤 된다. 우리나라 기업을 통틀어 1년에 영업이익 1조 원을 거두고 있는 회사는 서른여 곳밖에 되지 않으니, 3사가 얼마나 많은 초과 이윤을 거두고 있는지 쉽게 알 수 있다. 게다가 3사가 다같이 1조 원 안팎의 영업이익을 거두는 계열사를 거느리고 있는 상황을 감안하면, 국민경제 발전의 성과가 몇몇 대기업에게만 쏠리는 모습도 확연하다.

그렇기에 정부가 이를 견제하기 위한 조치는 필수적이다. 문재인 정부 들어서 휴대폰 개통시 보조금 대신 선택해서 요금 할인을 받을 수 있는 선택약정 요금할인율을 20퍼센트에서 25퍼센트로 상향했다. 2017년 말에는 빈곤층 통신 요금이 1만 1000원 정도 추가 감면되었고, 2018년 7월 13일부터는 소득 하위 70퍼센트 노인 세대에게 통신비 1만 1000원을 감면하는 제도가 시행되고 있다. 또 데이터 1GB를 딱 2만 원 가격에 제공하는 보편요금제도 추진되고 있다. 이제 이동통신 서비스는 단순한 커뮤니케이션 수단을 넘어 생활필수품, 생존과 안전을 지키는 귀중한 도구가 되었다. 통신 서비스의 공공성과 국민 생활에서의 중요성이 더욱 커진 것이다. 통신 서비스에 대한 사회적 견제 또한 더욱 강화되어야 한다는 얘기다.

다만 통신 서비스의 원가 산정 정보가 공개된다고 해서 바로 요금이 인하되는 것은 아니다. 이동통신 3사가 요금 인하를 거부하면 이를 강제할 공공적 수단이 없기 때문이다. 그럼에도 원가 산정 정보가 일부라도 공개된다는 것 자체로 통신비 인하를 위한 여건이 조성되는 측면이 있다.

이동통신 3사에 의하면 2019년 초에는 5G가 상용화될 예정이라 한다. 그러면서 당장 통신비 인하 조치는 보류하면서 마치 통신 요금 원가가 공개되면 5G 요금을 높게 책정할 수밖에 없다는 식으로 말한다. 통신 요금 원가 공개가 5G 서비스로 가는 데 걸림돌이 된다니. 이는 전혀 납득할 수 없는 주장이자, 시장 지배적 사업자라는 지위를 남용하는 대국민 협박이다. 그동안 3사는 통신 서비스가 진화할 때마다 통신 요금을 대폭 인상한 바 있다. LTE 기반의 4G보다 5G가 훨씬 빠른 속도를 보장하기는 하지만 기존의 첨단 기술을 큰 틀에서 벗어나지 않는다. 5G 망을 구축하는 데 당연히 많은 투자비용이 들어가겠지만 그것을 빌미로 또 다시 비싼 요금제 몰이를 해서는 안 된다는 것이다.

현행 전기통신사업법을 보면 시장 지배적 사업자인 이동통신사의 요금과 약관은 정부의 인가 사항으로 정부는 요금 산정의 적

정성을 평가하게 되어 있다(제28조). 즉 지금의 비싼 통신 요금은 역대 정부가 100퍼센트 승인한 것이나 다름없다. 한 이동통신사가 새로 인상한 요금제를 내놓고 정부가 이를 인가하면 거의 동시에 나머지 두 회사도 사실상 동일한 요금제를 내놓는 방식이었다. 문재인 정부는 지난 정부들과 달리 요금인가권을 정당히 행사해 5G 요금의 대폭 인상을 막아야 한다. 또 선기통신사업법 인가제 조항을 보면 '단 요금 인하할 때는 신고만으로 가능하다'고 돼 있다. 요금을 인하할 때는 정부 인가를 안 받아도 되니 그때는 이동통신 3사의 가격 경쟁도 얼마든지 가능하다는 말이다.

다시 말하지만 통신비 원가 공개와 5G 서비스는 전혀 관련이 없다. 정보통신 기술의 발전으로 5G 서비스가 출시되는 것은 자연스러운 일이다. 5G에 대한 투자비용을 감안하면 LTE 요금제보다 비싼 요금제가 나오는 것도 충분히 이해할 수 있다. 다만 모든 상황을 종합하면 기존 통신 서비스 요금을 대폭 인하할 여력이 충분한데도 계속 조치를 보류하는 이동통신 3사의 행태가 매우 잘못되었다는 것이다. 마지막까지 어려운 살림에 허덕이는 국민들에게 폭리를 취하겠다는 것이니 3사에 대한 국민들의 분노가 무척 크다. 최근까지 그들은 모든 종류의 통신 서비스에서 요금 인하 조치를 거부해왔다. 이제는 기존 통신 서비스 요금을 대폭 인하해 국민들에게 보답할 때가 되었다. 5G 서비스 역시 폭리가 아닌 적정한 이윤 정도를 거두는 요금제를 출시하면 되는 것이다.

현재 이동통신 개통 건수는 6000만 회선을 넘어섰고 이용자들의 데이터 사용량도 꾸준히 늘어나고 있다. 6000만 회선은 우리나라 전체 인구보다 더 많은 수로 그 의미가 결코 가볍지 않다. 지금 우리가 사용하는 이동통신 데이터 양이 평균 7GB가 넘는다. 무제한 요금제를 빼도 평균 2GB가 된다. 동영상과 이미지를 많이 보고, 정보나 자료를 SNS를 통해 주고받다 보니 스마트폰을 통한 데이터 이용량이 계속 늘어날 수밖에 없다. 이동통신 3사 입장에서 보면 이는 매우 안정적인 수익 구조다. 지금보다 통신 요금을 대폭 인하해도 지속 가능한 '박리다매' 영업이익 구조가 충분히 가능한 상황이다.

또 3사들은 2017년 4/4분기 영업이익이 늘었다고 발표했다. 그런 점에서 모든 통신 요금에 숨겨져 있는 1만 1000원의 기본료는, 순차적으로라도, 꼭 폐지해야 한다. 현재 스마트폰 요금제는 기본료, 기본 서비스 제공량, 기본 제공량을 초과해 사용하는 것에 대한 추가 요금 구간이라는 3부 요금제로 운용된다. 기본료가 폐지돼야 하는 이유가 여기에 있다.

한 가지, 3사가 기본료 폐지는 도저히 못 하겠다고 반발하는 상황을 감안해 문재인 정부가 보편요금제를 추진하고 있는데, 관련 법안이 국회에 제출되어 있으니 국회는 이를 신속히 처리해야 한다. 이후 3사가 자발적으로 저렴한 요금제를 내놓는다 하더라도 법이 정한 보편요금제가 아니면 언제든지 변경할 수 있기에, 법으로 국민들에게 저렴하면서도 안정적이고 기본적인 통신 서비스를 보장하는 게 맞다. 보편요금제가 생기면 서민과 저소득층에게 선택지가 늘어나면서 3사의 독과점 적폐를 개선하는 미래 지향적 조치가 될 것이다.

또 데이터를 충분히 쓸 수 있는 요금제가 6만 원대부터 시작하는데 이를 3만~5만 원대로 낮춰야 한다. 국민 절반 가까이가 어쩔 수 없이 데이터 사용을 위해 고가 요금제를 사용하고 있다. 그리고 750만 명이 가입한 알뜰통신(알뜰폰)이 생존할 수 있도록 3사는 알뜰통신사들에 대한 망 도매 대금도 원가에 소정의 이윤을 붙이는 수준으로 대폭 인하해야 한다. 알뜰폰은 기존 통신 3사의 망을 빌려 똑같은 통신 서비스를 제공하면서도 매우 저렴한 요금으로 운용되기에, 정부가 반드시 알뜰폰 기업들의 생존권과 지속 가능한 영업 구조를 도모해줘야 할 것이다.

마지막으로, 선택약정 할인을 좀 더 소개해보려 한다. 이동통신을 개통할 때 단말기 지원금(보조금) 대신 25퍼센트 요금 할인을 받을 수 있는 제도다. 지원금을 받은 상태에서도 약정 기한이 6개월 미만으로 남아 있다면 25퍼센트 요금 할인을 받을 수 있고, 기존에 20퍼센트 요금 할인을 받고 있던 국민들도 통신사 114로 전화하면 25퍼센트로 상향 할인을 받을 수 있다. 벌써 2000만 명 넘는 국민들이 이 할인 혜택을 받고 있는데, 이동통신 3사가 적극적으로 홍보하지 않다 보니 최대 수천만 명의 가입자가 혜택을 놓치고 있다. 이동통신 가입자라면 누구라도 통신사 114를 거쳐 자신이 선택약정 할인을 적용받을 수 있는 대상인지 확인할 수 있다. 전화한 당일부터 25퍼센트 요금 할인이 바로 적용된다. 동시에 빈곤층, 노인 세대 통신비 감면도 신청만 하면 의무적으로 적용해주니, 해당자가 맞는지 전화로 꼭 확인해보고 요금 할인을 받기 바란다.

최근 한 통신사가 해외 로밍 요금을 기존의 분당 요금에서 초당 요금제로 변경해 국내 통화료와 똑같은 요금을 적용함으로써 대폭 인하했다. 다른 업체들도 하루빨리 해외 로밍 요금 제도를 개선해야 한다. 통신비라도 대폭 인하되어 서민 가계, 중소 상공인들의 숨통을 조금이라도 틔워줘야 할 것이다. [2018]

휴대폰 하나하나마다
전파사용료를 내라니

전파사용료란 정보통신부장관이 무선국의 시설자에게 사용하는 전파에 대해 부과하거나 징수하는 사용료를 말한다. 시민들이 사용하는 이동통신 기기 하나하나를 무선국으로 간주하고 전파사용료를 부과하는 것이다. 대다수 시민들은 1년에 1만 2000원이나 되는 전파사용료를 내면서도 그 사실조차 모르고 있다. 매월 부과되지 않고 분기별로 전화요금에 통합 고지되므로 여간 꼼꼼히 요금 항목을 따져보지 않고는 내역을 알아차리기 쉽지 않다.

예전에 TV 수신료가 국민적 저항에 부딪치자 한국방송공사도 1994년부터 슬그머니 이를 전기요금 고지서에 통합 고지했고 지금까지 이어져오고 있다. 사람들은 복잡하고 바쁜 생활에 쫓기다 보면 징수 기관이 친절히 설명하지 않는 이상 자신이 TV 수신료를 내고 있다는 사실을 알아채지 못한다. 내는 사람이 인지하든 말든 TV 수신료는 매월 2500원씩 전기요금에 통합 고지되어 빠짐없이 징수되며 그 액수는 상상 외로 크다.

이동통신 사용자가 내는 전파사용료도 부당하다. 당국은 시민들의 저항을 의식해 전파사용료를 분기별 8000원에서 5000원으로, 5000원에서 다시 3000원으로 내린 바 있다. 전파사용료는 TV 수신료와 닮은 점이 많다. 세금도 아니면서 세금처럼 강제 징수되고(조세 유사성), 납부 주체들이 납부 사실조차 인식하지 못하는 상황에서 다른 요금과 함께 고지되며(통합 고지), 기구(TV나 휴대폰)가 있는 사람만 납부하고(사용자 특별분담금 성격), 지금 시민들의 강한 저항에 부딪친 상태다. 전파사용료가 TV 수신료와 결정적으로 다른 점은 이중으로 그리고 불평등하게 부과된다는 것이다.

전파사용료를 이동통신 업체들한테 징수하면서(업체들은 이를 시민들이 내는 요금에 포함시킨다. 이동통신 요금은 얼마나 비싼가) 또다시 요금고지서를 통해 시민들에게 부과하다니! 그것도 불을 보듯 명확한 국민적 저항을 피해볼 요량으로 분기별 3000원씩 통합 고지하는 얕은꾀를 쓰면서 말이다. 전파사용료가 철폐되어야 하는 결정적인 이유가 여기에 있다.

시민들은 비싼 이동통신 요금을 매월 지불하면서 거기에다가 2월, 5월, 8월, 11월, 이렇게 일 년에 네 번씩 5퍼센트 연체 가산금까지 물어야 하니 이중으로 전파사용료를 무는 상황이다. 반면에 전파를 가장 많이 사용하고, 광고 수입 등 수익을 챙기면서, TV

수신료까지 걷는 방송국은 정작 전파사용료가 얼마 되지 않는다. 아이러니가 아닐 수 없다. 소비자만 봉이 되었다. 전파사용료는 1993년 426억 원, 1994년 796억 원, 1996년 1586억 원, 1997년 2033억 원, 1998년 2554억 원이 걷혔는데, 소비자가 납부한 금액은 전체의 62퍼센트에 이른다(나머지는 이동통신 사업자들이 31.5퍼센트, 방송사가 내는 1.5퍼센트, 기타가 5퍼센트).

한편으로는 잘못된 부과 사례도 많다. 휴대폰을 사용하지 않는 기간 중에도 부과되는 경우 전파사용료 부과·징수는 정보통신부 장관이 각 지방 체신청에 위임했는데, 체신청은 이를 민간 사업자에게 다시 위임한다(세금을 민간 기관에 맡겨 징수하게 하는 사례는 어느 나라에도 없다). 휴대폰 가입자가 급격히 증가하면서 통신 사업체에서 이에 대한 업무가 폭주해 착오 사례가 속출하고 있다.

그렇다면 정부는 이렇게 걷은 전파사용료를 어디에 쓸까? 정보통신부와 언론에 따르면 1998년 2554억 원 중 전파사용료 목적에 맞게 집행한 돈은 1204억 원(전파 관리나 인건비 등 전파 관련 업무)에 불과하다. 나머지는 기술개발비로 전용되거나 우정이나 금융 같은 정보통신부의 다른 사업에 지원된다고 밝혔다. 게다가 그중 무려 1350억 원은 초과 징수된 돈이다. 연도별로 초과 징수된 전파사용료 규모는 1994년 344억 원, 1995년 253억 원, 1996년 384억 원, 1997년 842억 원, 1998년 1350억 원으로 매년 급증하는 추세다.

소비자가 이동통신 사업자에 전화사용료를 내는 이상 정부는 수익자 부담 원칙에 따라 사업자 측이 내는 전파사용료만으로 관련 예산을 충당해야 한다. 이미 그렇게 충당할 수 있을 것으로 판단된다. 더 큰 문제는 위에서도 지적했듯이 방송사들이 전파사용료를 거의 부담하지 않으면서 소비자들에게 그 부담을 그대로 전가한다는 점이다. 이제는 전파사용료를 더 이상 소비자에게 걷을 이유도 없고 만약에 모자라는 부분이 있다면 방송국에 걷어야 한다. 한 여론조사에 의하면 시민들 절반가량이 자신이 전파사용료를 내는 사실조차 모르고, 74퍼센트는 정부가 전파사용료를 내릴 것이 아니라 받지 말아야 한다고 응답했다. 그런데 앞에서 지적한 전파사용료 현황을 시민들이 안다면 거의 대부분 전파사용료를 없앨 것을 주장하며 '전파사용료 안 내기 저항운동'을 펼칠 것이다.

전파사용료는 사용 목적과 부과 대상자가 한정적이라는 점에서 조세라고 볼 수 없다. 또 전기사용료와 전화통화료 같은 사용료가 실제로 사용한 양에 상응해 부과되는 것과 달리, 전파 사용량에 관계없이 각 무선국의 시설자에게 일률적으로 정액이 부과되는 것을 보더라도 사용료(수수료)라 할 수도 없다. 그보다는 사용 목적이 일정한 공익성을 띠고 전파 진흥 사업에 쓸 재정 충당을 위해 부과된다는 점에서 유사 조세적 성격을 가진 특별분담금 일종으로 봐야 한다. 특별분담금인 전파사용료를 이동통신 가입자에게 부과하는 것은 앞서 지적한 문제들을 일으키며, 헌법 제23조

1항 재산권과 헌법 제11조 1항 평등권을 침해하는 것이다. '국민
의정부'는 전파사용료의 일반 가입자 부과를 즉각 폐지해야 한다.
[1999]

* 2000년 4월부터 이동전화 사용자들에게 분기별로 3000원씩 부과되
던 전파사용료가 폐지됐다.

논두렁에
편의점을
세워도

땀 흘려 일하는 노동에 대한 '최소한의 가치'라도 인정해주겠다는 최저임금 제도가 무슨 잘못이라고 이렇게 난리인가. 2019년 최저임금이 올해보다 10.9퍼센트 인상된 시간당 8350원으로 결정됐다. 그마저 이번에 최저임금 산입 범위가 확대되어 전체 평균 인상률은 10퍼센트가 되지 않는다. 월급 기준으로 174만 5150원에 불과하다. 이것도 주휴 수당이 포함된 월 급여인데, 주휴 수당을 받지 못하는 주당 15시간 미만 노동자나, 주휴 수당을 주지 않는 사업장에 다니는 노동자는 그보다 훨씬 적은 월 급여를 받게 된다. 교육비·의료비·주거비·통신비가 최악의 부담이 되는 나라, 가계 부채가 무려 1400조 원이 넘는 이 나라에서 올해는 157만 원으로, 내년엔 174만 원의 월급으로 인간답게 살 수 있는 사람이 몇이나 될까.

최저임금이 오르면 나라가 망할 것처럼 떠들어대는 수구 기득권 언론과 자유한국당, 대자본 집단들 때문에 결국 최저임금 1만

원 달성이 지연되어 속도 조절이 불가피하게 됐다. 그런데 최저임금 제도를 비난하는 이들의 진짜 저의는 무엇일까?

최저임금 인상을 반대하는 이들이 계속 앞세우는 편의점 사례를 살펴보자. 최근 편의점들은 기능 다변화와 1인 가구 증가 등으로 2017년 매출이 전년 대비 10.9퍼센트 늘었다. 전체 매출 규모가 23조~24조 원으로 추산된다. 유통시장 점유율노 2016년 15.7퍼센트에서 16.4퍼센트로 커졌다. 대기업이 주축인 편의점 본사는 늘어난 매출로 웃고 있지만, 전국의 편의점주들은 생존권 위기로 울고 있으니 이 얼마나 모순적인 상황인가? 더 큰 모순은 일부 편의점주와 최저임금을 받는 알바 노동자 사이에 갈등이 벌어지고 있다는 것이다. 이렇게 을들끼리, 을과 병이 갈등할 때 뒤에서 회심의 미소를 짓는, 이 사태의 진짜 책임자들은 누구인가?

편의점을 운영하는 데 정녕 문제가 되는 것이 최저임금 인상인지를 한번 따져봐야 한다. 2018년 7월 19일자 한겨레 1면에 보도된 편의점주 김민철(가명) 씨의 올해 5월 수입·지출 내역을 보자. 매출이 3100만 원이지만 본사에 물품 대금 2400만 원과 로열티 240만 원, 임대료 100만 원, 카드 수수료 35만 원 등을 내다 보니 오히려 72만 원 적자를 봤다. 이 점포의 인건비는 250만 원이었다. 이를 보면 자영업자의 생존권 위기가 최저임금 인상이 아니라 수익이 확 줄어드는 과다 출점 경쟁 구조, 로열티와 본사 폭리, 과도한 임대료, 카드 수수료에 있다는 것을 금세 알 수 있다. 과도한 통신비용과 금융권에 내는 이자비용은 말할 것도 없다. 이러한 지출 비용이 인건비에 비해 두 배가 넘는다.

본사는 물품 공급 대가로 마진을 붙여 2400만 원을 가져가는데 거기에 왜 로열티로 35퍼센트나 적용해 240만 원을 또 가져가는지 따지지 않을 수 없다. 논두렁에 편의점을 세워도 편의점주는 죽어도 본사는 산다는 말이 있다. 가맹점 매출이 한 달에 100만 원이 되든, 5000만 원이 되든 본사는 무조건 로열티로 30~35퍼센트를 가져가니까. 인건비보다 로열티가 훨씬 문제라는 느낌이 단번에 온다. 만약 편의점에서 알바 노동자를 2명 쓴다고 할 때 2019년에는 최저임금 인상분 22만 원씩 44만 원 비용이 상승한다. 이것도 부담이 되는 게 사실이지만, 만약 편의점 본사의 로열티가 10퍼센트만 인하돼도 편의점주 입장에서는 최소 수십만 원에서 많게는 백 몇 십만 원의 소득이 늘어나게 된다. 사정이 크게 개선되는 것이다.

그리고 무엇보다 편의점주의 생존을 위협하는 것은 본사의 과다 출점으로 생긴 경쟁 구조다. 2013년에 3만 개로 추산되던 편의점 수가 현재 개인 편의점 수까지 합쳐 7만여 개에 이른다. 포화 상태다. 여기에 250미터 출점 거리 제한 규정은 아무런 실효성이 없다. 같은 업종이어도 동종 브랜드 간에만 거리 제한 규정이 적용되지 타 브랜드에는 적용되지 않기 때문이다.

거기에다가 신용카드 수수료, 즉 카드 가맹점 수수료에도 갑질이 있다. 이를테면 카드 회사는 대형마트 같은 재벌·대기업의 대형 가맹점에는 0.7~1퍼센트를 적용하지만, 중소 상공인들에게는 최대 2.5퍼센트까지 수수료를 물리고 있다. 편의점과 가맹점 입장에서는 카드사가 갑이 되어 있다. 가맹점 연매출이 5억 원 이상이면 수수료율 2.5퍼센트까지 적용되는데, 전국 편의점 평균 연매출이 6억 원이다. 이런 상황에서 편의점들은 점포마다 차이가 있지만 적게는 수십만 원에서 많게는 백 몇 십만 원의 카드 수수료를 매월 내고 있는 것이다.

그러니 최저임금 인상을 탓할 것이 아니다. 가맹점주와 임차 상인들이 이렇게 본사 로열티와 임대료, 카드 수수료로 부담하는 수백만 원만 해결해도 최저임금 인상을 감당하면서 형편이 나아질 것이다. 그럼에도 일각에서 자영업자의 생존 위기가 마치 최저임금 인상에서 기인한 것처럼 여론을 호도한다. 또 최저임금 인상이 불러올 영향에 대해서도 몹시 과장하고 있다.

최저임금 인상이 일부 부담이 되더라도 전체 자영업자 600만여 명 중 고용원이 있는 자영업자는 160만 명쯤이기에 그 영향이 제한적이다. 나머지 고용원이 전혀 없는 440만 명은 최저임금 영향을 받지 않을 것이다. 또 최저임금 인상 때문에 자영업자가 다 죽어간다는 말과 달리, 오히려 고용원이 있는 자영업자 수는 늘어났다. 이는 무엇을 의미하는가? 호도하는 세력의 선동대로라면 고용원이 있는 자영업자 수는 줄어들어야 할 텐데 오히려 늘어났다.

통계청에 따르면 2018년 5월 기준 고용원이 없는 자영업자 수는 전년 동기 대비 2.2퍼센트, 전년 3분기 대비 5.9퍼센트 줄어든 반면, 고용원이 있는 자영업자 수는 각각 4.1퍼센트, 4.0퍼센트 늘어났다. 이쯤 되면 최저임금 인상이 자영업자에게 부담이 되는 것은 사실이라 해도 결정적이지 않다는 것을 쉽게 알 수 있다.

재벌과 대기업이 해마다 최저임금 결정 시기만 되면 중소기업과 중소 상공인을 사랑하는 듯 돌변하는 모습은 개탄스럽다. 이들은 실제 영세 자영업자를 걱정하는 것이 아니라 그동안 제대로 대접받지 못한 노동의 가치가 상승해 제 평가를 받는 것이 싫은 것이다. 최저임금이 오르면 중소기업과 중소 상공인의 지급 능력에 대한 논란이 일면서 자신들의 독식을 규제하는 상생 정책, 경제민주화 조처가 병행될 것이 두려운 것이다.

대규모 편의점 본사가 모두 재벌이고, 동네 상권을 침탈해 중소 상공인들의 매출을 심각하게 떨어뜨리는 이들도 재벌·대기업이고, 수수료를 대기업 사업장에 비해 자영업자에게 더 받고 있는 신용카드사도 모두 재벌·대기업이고, 과도한 통신비를 받아가는 통신사도 다 재벌이며, 예대 마진 폭리를 취하는 금융사도 모두 대기업이라는 사실을 잊어서는 안 된다. 지금 이들이 자신들의 독식 구조를 은폐하기 위해 을과 을끼리, 을과 병끼리 싸우도록 부추기며 뒤에서 회심의 미소를 짓고 있다.

최저임금 대폭 인상과 중소기업·중소상공인의 지급 능력 제고,

정부의 지원 대책은 분명히 병립 가능하며, 우리 사회는 꼭 그 길로 가야 한다. 전국의 을과 병에게 호소한다. 전국의 중소 상공인과 가맹점주, 임차 상인들이 싸울 대상은 그들의 주된 고객인 저임금 노동자들이 아니다. 이미 다들 알다시피 우리끼리 싸울 일이 전혀 아니다. 슈퍼 갑들이 조금만 탐욕을 줄이면, 조금만 성의 있는 상생 조치를 취하면, 을들이 최저임금 인상분을 충분히 감당하는 것은 물론이고, 을과 병들의 소득도 동시에 더 늘어나고 내수도 더욱 활성화되는 선순환 경제구조가 분명히 가능하다. [2018]

반값등록금을
부탁해

　자본주의 경제에서 태어났을 때의 불평등은 어쩔 수 없다 해도,
교육과정을 거쳐 사회로 나아가는 출발선만큼은 공평히 보장돼야
하지 않을까. 사회에서 일정한 선의의 경쟁은 불가피하더라도, 경
제력이 없는 학생과 청소년에게는 국가가 교육받을 기회와 비용
을 전면적으로 보장해야 한다는 얘기다.

　서유럽의 복지국가와 사회주의권만 대학 무상교육을 하고 있는
것이 아니다. 세계에서 등록금이 가장 비싸다는 미국에서도 교육
만큼은 국가가 책임져야 한다는 목소리가 커지고 있다. 지난 미국
대선 후보를 뽑는 민주당 경선에서 돌풍을 일으킨 버니 샌더스는
대학 무상교육을 공약했다. 먼저 2017년 2학기부터 뉴욕주가 주·
시립 공립 대학에서 무상교육을 시작했다. 뉴욕주 의회가 엑셀시
어 장학금Excelsior Scholarship을 통과시키고 주지사가 이를 시행
하기로 결정한 것이다. 뉴욕주에 거주하는 연소득 10만 달러(1억
1430만 원) 이하 가정의 대학생 자녀라면 무상교육 대상이 된다.

94만 가구의 자녀들이 이 조건에 해당되며, 대학생을 둔 전체 가구의 80퍼센트가 혜택을 볼 것으로 예상된다.

또 미시간주립대가 뉴욕주립대에 이어 4년제 대학교 학비를 무상으로 제공하는 프로그램을 도입했고, 2018년 2월에는 위스콘신주립대가 '버키의 수업료 약속Bucky's Tuition Promise'이라는 프로그램을 통해 연간 가구소득이 5만 6000달러(6100만 원) 이하인 주내 거주 학생을 대상으로 4년간 무상교육을 실시한다고 발표했다. 소득 조건 외 별도의 자격 요건은 없고, 학생들은 학비 외에도 주거비 등의 추가 재정 보조도 받는다. 테네시, 오리건, 미네소타, 켄터키에서도 이미 2년제 커뮤니티 칼리지에서 무상교육을 실시하고 있다.

한국에서도 대학 무상교육이 없는 것은 아니다. 경찰대, 카이스트, 사관학교, 포항공대(포스텍) 같은 학교들이 무상교육에 근접한 학비 제도를 이미 오래전부터 실시해오고 있다. 최근 서울시립대의 경우 완벽한 반값등록금을 실현한 상태이고 저소득층 대학생은 여기에 국가장학금을 받아 사실상 상당수가 무상교육을 받고 있다. 강원도립대도 사실상 무상교육에 가까운 학비 제도를 운영하고 있다.

한국에서 처음 등록금 투쟁은 개별 학교와 학생들이 등록금 인상률을 두고 협상하는 방식으로 전개되었다. 그렇게 투쟁을 해도 등록금이 대폭 오르는 악순환이 고쳐지지 않았다. 그러다가 2007년 대선 과정에서 이명박 후보 측의 반값등록금 공약이 나오게 된다. 2008년에는 대학생들과 교육 분야 시민단체들이 모여 등록금넷(등록금문제 해결을 위한 전국네트워크)을 결성한다. 반값등록금 운동은 2011년 황우여 당시 한나라당 원내대표가 반값등록금 재추진을 선언하고, 반값등록금 요구 집회에 참여한 대학생들이 연행되는 사건 등을 계기로 대중적인 사회 이슈로 자리매김한다. 그해 등록금넷은 대학생과 학부모들의 폭발적인 반값등록금 투쟁 전개에 힘입어 반값등록금 국민본부(반값등록금 실현 및 교육공공성 강화를 위한 국민본부)로 확대·재편된다.

사회적 압박에 밀려 이명박 정권은 2012년 1학기부터 직접적인 등록금 부담 완화 정책인 국가장학금 제도를 시행하지 않을 수 없었다. 등록금 인상률 상한제와 국가장학금 2 유형(대학별 자체 기준에 따라 선발) 실시를 통해 등록금이 2012년엔 전해보다 4.3퍼센트, 2013년에는 0.46퍼센트 인하된다. 국가장학금 예산도 2012년부터 꾸준히 증가한다(2012년 1.8조, 2013년 2.8조, 2014년 3.3조 원. 문재인 정부가 들어선 2018년엔 3.7조 원에 근접).

하지만 실제로 현재 전체 대학생의 55퍼센트 정도는 여러 까다로운 기준에 막혀 반값등록금 투쟁을 통해 어렵게 마련된 국가장학금을 한 푼도 못 받고 있는 것으로 드러났다. 직전 학기 12학점 이상을 수강해 평균 학점이 B 이상인 학생에게만 지급하되, 소득 수준이 기초생활수급자부터 3분위까지에 해당하는 학생은 C 학점이어도 2회에 한해 구제한다. 즉 소득 4분위 이상에 해당하는 학생은 평균 학점이 B 미만일 때는 국가장학금을 한 푼도 받지 못한다. 지금 대학들은 엄격한 상대 평가를 적용하면서 B 학점 미만의 비율을 25~35퍼센트 강제 배정하고 있다. 전체 학생 중 그만큼의 학생들이 국가장학금에서 원천 배제되고 있는 것이다. 특히 저소득층 학생들은 등록금과 주거비, 생활비 마련을 위해 부득이 알바 노동과 휴학을 반복할 수밖에 없는 처지인데, 그러다 보니 자칫하면 B 학점 미만을 취득하게 되어 국가장학금도 못 받게 되는 상황에 놓인다. 교육이 국민의 기본권이자 국가의 책임 영역이라는 점 등을 감안하면 현행 국가장학금 지급에서 성적 기준과 소득 기준은 반드시 폐지하거나 완화되어야 한다.

현재 사립대 등록금 평균은 연간 734만 원에 이른다. 수도권 주요 대학은 등록금이 1000만 원을 넘는 경우가 허다하다. 말 그대로 반값등록금이 되려면 등록금 평균에 비춰봐도 적어도 367만 원의 국가장학금이 지급되어야 하는데, 그 정도 국가장학금을 지급받은 대상은 박근혜 정부 때까지는 소득 1분위(기초생활수급권자 포함)부터 3분위까지 계층의 학생들뿐이었다. 4분위 이상은 반값등록금에 현저히 모자라는 금액을 지급받았던 것이다. 그런 상황에서 문재인 정부가 들어서서 소득 6분위 미만까지 국가장학금 지급 급액을 반값등록금 수준에 맞게 대폭 상향했다. 학자금 대출

구분	소득구간(분위)	학기별 최대지원금액	연간 최대지원금액
I 유 형	기초생활수급자	260만원	520만원
	1구간(분위), 차상위계층	260만원	520만원
	2구간(분위)	260만원	520만원
	3구간(분위)	260만원	520만원
	4구간(분위)	195만원	390만원
	5구간(분위)	184만원	368만원
	6구간(분위)	184만원	368만원
	7구간(분위)	60만원	120만원
	8구간(분위)	33.75만원	67.5만원

—— **2018년 국가장학금 무상 지원 현황: 소득 구간(분위)별로 해당 학기 등록금 필수 경비(입학금·수업료)를 초과하지 않는 범위 내에서 차등 지원.** 출처: 한국장학재단 홈페이지

이자도 2.2퍼센트까지 인하했다. 참으로 잘한 일이다. 다만 7분위와 8분위 학생은 1년에 100만 안팎의 금액만 지원받는 실정이다. 앞에서 언급했듯이 소득 9분위와 10분위에 해당하는 학생은 국가장학금을 단 한 푼도 받지 못하고 있다. 여기에 33만여 명에 이르는 대학원생 전원이 국가장학금 지원에서 처음부터 배제된다. 교육부가 '2015년 국가장학금 지원 계획'에서 추정한 1인당 연간 평균 지원액은 288만 원이었다. 즉 국가장학금 평균 금액은 288만원 정도다. 지금은 연간 평균 지원액이 더 늘어났을 것이지만, 한 푼도 못 받는 학생들이 55퍼센트에 달하는 점 등까지 감안하면,

1년 등록금 1000만 원 시대, 1년 총 고등교육비용 2000만 원 시대에 비춰 반값등록금은 아직도 멀었다. 문재인 정부에서 추가적인 노력에 나서야 할 것이다.

사립대학들은 반값등록금 정책으로 등록금이 동결되자 반성은 커녕 재정 악화를 이유로 반값등록금 정책 폐지를 주장했다. 하지만 등록금이 인하·동결된 2012~2014년 3년간 전체 대학 중 절반 넘은 곳에서 적립금이 늘어난 것을 보면 대학들의 재정 악화 운운은 전혀 설득력이 없다. 2014년 전국의 사립대학 적립금은 8조 855억 원으로 2011년 대비 2744억 원이나 증가했고, 재단 적립금까지 합하면 2013년 기준으로도 전국의 사립대학들은 총 11조 원이 넘는 적립금을 보유하고 있다. 재정이 악화되는 것이 아니라 해마다 비교육적인 부가 늘어나고 있는 것이다. 그리고 2016년 대학 결산 결과를 보면, 전국의 사립대학들이 7062억 원이나 집행하지 않고 이월금으로 남겼다. 이를 봐도 사립대학들은 등록금을 낮출 수 있는 여력이 충분하다. 엄청난 금액의 적립금과 이월금을 쌓아놓고 있으면서도 반값등록금 탓을 하며 엄살을 부린다.

그런 의미에서 교육부는 등록금 인상률 상한제를 넘어 등록금액 상한제까지 제도화해야 한다. 현재는 등록금 인상률만 직전 3개년 동안의 물가 인상률의 1.5배 이상은 등록금을 인상할 수 없게 제한되어 있다. 이제는 전국의 서민 가계들이 감당할 수준으로 등록금액 상한을 정하는 등록금액 상한제가 필요하다. 물론 등록금액 상한제로 생긴 대학들의 등록금 손실분은 지금의 국가장학금 같은 형태이든, 다른 형태이든 국가가 각 대학에 교부해 손실을 메워주겠지만, 대학들이 적립금과 이월금을 통해 스스로 등록금을 인하하는 방안도 병행해야 한다.

국공립대 등록금은 2000년부터 10년 동안 83퍼센트나 인상되었는데, 국공립대 등록금 수입의 85퍼센트 이상이 기성회비인 것으로 드러났다. 등록금넷은 기성회비를 폐지하고 고등교육 예산을 늘려 국공립대에서 반값등록금을 실현해야 한다고 요구했다. 2011년 11월 15일 국공립대 학생들이 기성회비 반환 소송을 제기했고, 2012년 1월 27일 서울중앙지방법원은 기성회비 징수에 법적 근거가 없으므로 학생들에게 돌려주어야 한다고 판결했다. 항소심에서도 원심이 유지된다. 하지만 2015년 6월 25일 대법원은 기성회비 반환 소송 상고심에서 원고 패소 판결을 내렸다. 박근혜 정권은 기성회비를 명목으로만 없애고 수업료에 더해 인상하는 꼼수 조치로 정부의 공적 교육에 대한 책임을 끝내 외면했다.

박근혜 전 대통령은 2012년 대선에서 국가장학금 예산을 4조 원까지 늘리겠다고 공약했지만, 2017년까지 국가장학금 예산은 3.6조 원대에 불과했다. 문재인 정부가 국회에 보고한 2018년 교육예산 중에서 국가장학금 금액은 2017년 3조 6300억 원에서 499억 원 증액된 3조 6800억 원으로 배정됐다. 교육부는 등록금의 절반 이상을 지원하는 범위를 기초생활수급자~소득 3분위에서 소득 4분위까지 확대하고, 향후 5년간 총 1조 원을 추가 투입해 단계적 반값등록금을 실현하겠다고 밝혔다. 국가장학금 예산을 거의 늘리지 않은 박근혜 정부에 비해서는 전향적이지만 이 역시 충분하지는 않다. 전국 대학들의 등록금 총액은 14조 원쯤으로 추산된다. 대학들이 자체적으로 지급하는 장학금이 3조 원인 것을 감안해 등록금 총액이 11조 원쯤이라고 하면, 서울시립대 수준의 반값등록금을 실현하려면 총 5.5조 원의 예산이 배정되어야 하기 때문이다.

100만 원까지 치솟은 대학 입학금 역시 큰 고통이 되어왔다. 다행히 국공립대는 2018년부터 전격 폐지하고 사립대는 2021년까지 순차적으로 인하하면서 폐지하기로 했지만, 부담은 여전하다. 그 금액이 적게는 한 학기 등록금의 5분의 1, 많게는 3분의 1에 달한다. 0원에서부터 100만 원대까지 학교별로 천차만별이다. 대학 측에서 입학금을 어떻게 추계하고 산정할지 근거가 불명확하기 때문이다. 실제로 대학들은 입학금 산정 자료와 기준이 없다고 밝히고 있다. 청년참여연대가 34개 대학을 상대로 입학금 산정 자료와 집행 내역을 정보 공개 청구한 결과 정보 공개에 응답한 28개 학교 중 26개 학교가 그런 자료가 없다고 회신했다. 28개 학교 중 20개 학교는 입학금 지출 내역조차 갖고 있지 않았다. 2015년 홍익대 등록금심의위원회에서 입학금 산정 근거를 묻는 학생 대표의 질문에 홍익대 대학본부 측은 "관련 법규는 없다"라고 하면서 "신입생들은 과거 선배들이 이룩해놓은 여러 유무형의 혜택을 받는 것이므로 입학금을 내는 것"이라고 말하기도 했다.

그동안 교육부는 입학금의 과다 책정을 묵인하면서 행정지도를 하지 않았고, 대학은 신입생을 상대로 관계상 우월한 지위를 남용해왔다. 국회 또한 입학금 관련 규정을 개혁하지 않았다. '대학 등록금에 관한 규칙'을 보면 입학금은 수업료(입학금을 제외한 등록금)와 별개의 금원으로 취급하고 있다.

입학금은 징수 시기와 방법, 학기 개시(신입생은 입학일) 전 반환 사유가 발생한 경우에만 반환이 가능한 점 등에 비춰보더라도 수업료와는 분명히 구분된다. 그럼에도 입학금이 무엇인지 법률이나 행정규칙에 정의 규정이 전혀 없다. 그런데도 교육부는 입학금이 무엇인지에 대해 일반인의 합리적 상식에 비춰 문언 해석을 하고 판단하지 않았다. 입학금은 입학 사무에 필요한 금원이다, 그런 식으로 각 대학에 행정지도를 하지 않았다. 이제 대학들은 입학금을 입학 사무뿐 아니라 대학의 일반 재원으로까지 사용하는 것으로 오도하고 있다. 입학금은 천정부지로 올라 현재 고려대는 103만 원이고, 90만 원을 초과하는 학교도 34개 대학에 이른다.

이미 국민권익위원회도 입학금의 불합리성을 지적한 바 있다. 2013년 '대학 등록금 책정의 합리성 제고 방안'에서 '입학금 산정 근거 및 사용 기준의 불명확성'을 개선하라고 교육부에 권고했다. 하지만 교육부는 4년이 지나도록 꿈쩍하지 않다가, 문재인 정부가 입학금 폐지를 공약으로 내세우자 최근에야 입학금을 폐지하거나 인하하려는 움직임을 보이고 있다.

한국 대학들의 입학금 수준은 미국, 중국 대학과 비교해보면 그 부당함이 그대로 드러난다. 수업료가 상당히 비싸다고 알려진 미국의 아이비리그 명문대라 하더라도 입학금이 연간 수업료 대비 2퍼센트를 넘지 않고, 중국의 명문 대학들도 3퍼센트 내외에 머문다. 한국의 일부 대학은 현재 14퍼센트에 도달해 있다.

입학금 총액은 매년 6320억 원에 달하는 것으로 추정된다. 입학금을 전면 폐지하더라도 사립대학은 적립금 8조 1872억 원(2014년)과 예산을 집행하지 않은 이월금 7530억 원(2014년)만으로도 충분히 감당할 수 있는 수준이다. 입학금 문제는 돈 문제가 아니라 정부 당국이 가져가야 할 의지의 문제다. 교육의 기회를 능력과 재능에 따라 부여할지, 아니면 입학금과 등록금을 지불할 경제적 조건에 따라 부여할지를 결정하는 우리 사회 가치판단의 문제다.

또 입학금은 각 대학이 신입생을 상대로 우월한 지위를 이용해 입학금을 납부하지 않으면 입학을 불허하는 시장 지배력을 남용하는 행위이기도 하다. 대학들의 입학금 징수 행위는 입학 실무와 무관한 차원에서 사실상 기부금이나 협찬금을 강요하는 행위나

마찬가지다. 이는 공정거래법 제23조 1항 4호에서 규정하는 '거래 상 우월적 지위를 이용해 이익을 제공하도록 강요하는 행위'에 해당한다. 학생들은 과도한 입학금 납부의 고통을 호소하며 공정거래위원회에 신고하기에 이르렀다. 현재 입학금 환불 소송도 제기해 진행 중이다(반값등록금 국민운동본부 자료 참고).

대학생 학자금 대출 제도도 대폭 개선해야 한다. 학자금 대출 채무자가 330만 명으로 과도한 빚을 안고 사회에 진입하는 청년들이 급증하고 있다. 현재 학자금 대출 이자율은 2018년 1학기부터 2.2퍼센트로 기준금리나 물가 상승률에 비해 여전히 높은 수준이다(일본만 해도 학자금 대출은 무이자다). 나중에 원금에 이자를 더해 갚는데도 학자금 대출에 성적 제한을 두는 규정도 불합리하다. '취업 후 학자금 상환제'(ICL Income Contingent Loan, 든든학자금 제도)는 대학원생은 처음부터 자격이 되지 않는다.

한국장학재단이 발표한 2015년 1학기 학자금 대출 규모는 55만 1420건으로 9623억 원에 달했다. 대학생들은 1인당 175만 원씩 빚을 지고 있는 것으로 나왔는데 지금은 더 많이 늘어났을 것이다. 그런데 더 심각한 문제는 취업난과 비정규직 취업으로 안정된 수입을 얻는 졸업생이 줄어들면서 학자금 대출 상환에 어려움을 겪고 있다는 것이다.

2010~2013년 졸업자(졸업 후 1년~4년) 중 2014년 말 기준 취

업 후 학자금 대출을 상환하지 않은 인원 비율은 31.7퍼센트(금액 기준 79.2퍼센트)이나 된다. 미상환 인원은 8만 4061명이고, 미상환 금액은 1조 6126억 원이다. 졸업 후 4년이 경과한 2010년 졸업자 중에서도 39.6퍼센트나 되는 학생들이 2014년 말 기준 학자금 대출을 상환하지 못하고 있는 실정이다. 대학을 나오더라도 졸업 후 4년이 되도록 최저생계비조차 못 버는 청년들이 이렇게 많다. 당시 통계청이 발표한 2015년 4월 기준 고용 동향에 따르면, 청년(15~29세) 실업률은 10.2퍼센트로 관련 통계가 처음 작성된 2000년 이후 역대 최고치에 달했다.

마지막으로, 졸업을 유예하는 학생에게 등록금을 징수하는 일은 완전 금지해야 한다. 취업이 안 되어 어쩔 수 없이 대학에 적을 두고자 졸업 유예 제도를 이용하는 학생에게 매 학기마다 60만 원가량 추가 등록금을 징수하거나, 강제로 학점 이수를 하게 함으로써 관련 비용을 징수한다. (최근 안민석 의원이 시민단체들과 함께 발의한, 졸업유예생 등록금 강제 징수를 금지하는 고등교육법 개정안이 국회에서 통과됐다.)

집집마다 제일 무섭다는 등록금 고지서와 초고액 등록금 문제. 이제는 반값등록금과 학자금 무이자 대출을 반드시 실현하고, 궁극적으로는 유럽을 넘어 미국에까지 확산되는 대학 무상교육을 채택함으로써 완벽하면서도 불가역적인 해법으로 해결해야 한다.

[2018]

사상 최초
등록금 환불
판결

　수원대 학생들이 수원대 학교법인과 전 총장, 이사장 등을 상대로 제기한 등록금 환불 소송에서 7월 20일 대법원은 학생 1인당 30~90만 원씩(학교를 1년 다닌 학생은 30만 원, 3년 다닌 학생은 90만 원) 손해배상 금액을 지급하라는 판결을 확정했다. 2013년 7월 소송이 제기된 지 5년 만에 법원이 학생들의 손을 들어준 것이다.

　등록금 환불 대법원 판결로는 최초다. 보수적인 대법원마저 학생들 손을 들어준 것을 보면 수원대 학교법인의 학교 운영 실태를 능히 알 수 있다. 수원대의 항소를 기각한 항소심 당시 한겨레 보도에 의하면, 수원대는 전국 사립대학 중 네 번째로 많은 4000여억 원의 적립금과 이월금을 쌓아두고 있지만, 등록금 대비 실험실습비는 수도권 소재 종합대학 평균의 41퍼센트, 학생지원비도 수도권 소재 종합대학 평균의 9퍼센트 수준에 그쳤다. 그러다 보니 실험실습실은 물이 새고 실험 도구는 고장 나거나 쓸모없는 경우가 많았다. 이번 승소 판결을 이끌어낸 이영기 변호사에 의하면, '학교 앞 당구장의 다이는 반듯한데 왜 우리 학교 제도판은 반듯하지 못한가'라는 건축학과 학생과, '영화 실습 과제를 찍어서 스크린에 쏘지 못하고 흰 벽에 비춰 발표한다'는 연극영화학과 학생들이 주축이 되었다고 한다.

1심과 2심 법원은, "수원대 학교법인 등이 사립학교법을 위반해 적립금과 이월금을 부당히 적립·운영하면서도 학생들에게는 아주 열악한 실험·실습 교육을 받게 했는데, 이 같은 열악한 교육 환경으로 생긴 학생들의 정신적 손해에 배상할 책임을 져야 한다"는 취지로 등록금을 일부 환불하라고 판결했다. 즉 등록금을 학생들의 교육에 투자하기보다 적립금을 쌓는 데 치중한 대학에 책임을 물은 것이다.

그동안 대학들은 학생들이 힘겹게 납부한 등록금을 수업비와 실습비로 지출하지 않고 뚜렷한 목적 없이 이월금으로 넘기거나 용처가 불분명한 적립금으로 거액을 쌓아놓았다. 이처럼 적립금을 쌓는 데 열중해 교육 환경을 방치하고 과도한 등록금을 요구하는 일부 대학들 때문에 학생과 학부모들은 이중 삼중의 고통을 겪고 있다.

전국 사립대학들은 2017년 기준 무려 10조 원대의 적립금(학교 적립금+법인 적립금)을 쌓아 놓고 있다. 대법원이 등록금 환불 판결에서 과도한 적립금 문제를 지적한 만큼, 대학들은 적립금과 이월금을 마구잡이로 발생시키는 관행을 청산하고 이제라도 그 돈을 교육 환경을 개선하고 등록금을 인하하는 데 사용해야 한다.

이번 등록금 환불 소송에서 최초의 소송인단이 88명이었지만 최종적으로 원고가 42명으로 줄어든 것만 보더라도 그간의 우여 곡절을 짐작할 수 있다. 소송에 앞장을 서준 수원대 학생들, 재판에 최선을 다해 임한 민변 교육위원회 변호사들, 그리고 전 과정을 이끌어온 수원대 교수협의회, 참여연대 민생희망본부, 사학개혁국민운동본부의 노고에 깊이 감사드린다. [2018]

검찰은 왜
신한 사태 앞에서
작아지는가?

서울중앙지방검찰청 공정거래조사부는 대형 경제범죄와 기업 비리를 전담하는 최고의 수사기관이다. 불법과 비리에 연루된 기업인들에게는 저승사자로 불린다. 이곳에서 지금 이른바 신한 사태 관련 수사를 맡고 있다. 2010년부터 불거진 신한 사태는 결코 그냥 넘어가서는 안 될 사건이다. 금융회사 경영진이 개입된 불법과 비리를 처단하지 않으면 우리 금융의 미래는 암울할 수밖에 없고 자칫 국민경제 전체가 위험에 처하게 된다. 참여연대와 금융정의연대가 직접 고발을 한 까닭도 여기에 있다.

무엇 때문인지 검찰의 신한 수사는 장기간 오리무중에 빠져 있다. 신한 사태를 고발한 당사자로서 수사는 제대로 진행되는지, 기소 여부는 언제 결정되는지 몰라 답답할 뿐이다. 시작은 그럴듯했다. 2014년 11월 말 공정거래조사부는 신한 사태 고발인인 나를 두 차례나 불러 '강도 높게' 조사했다. 다른 참고인들도 여러 차례 불러 조사했다. 하지만 정작 신한 사태의 책임자들에 대한 엄정한 수사나 기소 소식은 들려오지 않고 있다.

신한 사태가 발생한 것이 2010년 9월이니 5년이 되도록, 그리고 경제개혁연대가 전 신한금융지주 회장 등을 고발한 것이 2013년 2월의 일이니 그때로부터 치면 2년 반이 지나도록 검찰에서 내놓은 것이 없다. 거기에다 2010년 신한 사태 당시 경영진 측근들이 고객 정보를 불법으로 조회한 정황을 보여주는 이른바 '신한은행 비대위' 문건을 참여연대가 폭로하고 고발(2014년 10월 14일)한 지 열 달이 돼가지만, 들려온 소식이라고는 전 회장이 검찰에서 무혐의 처분을 받았다는 소식이 전부다.

의지만 있으면 검찰은 무엇이 진실인지 충분히 밝힐 수 있다. 전 회장의 지시로 전 정권의 최측근 쪽에 3억 원이 넘어간 의혹을 뒷받침하는 증거들은 널려 있다. 줬다는 사람도 있고 봤다는 사람도 있다. 연루된 당사자들의 휴대전화 통화 기록만 살펴봐도 사실관계를 쉽게 확인할 수 있다. 그런데 검찰은 전 회장의 온갖 불법 비리 의혹을 사실상 방치하고 있다. 오랫동안 치매 환자라고 소환조차 하지 않다가 그가 농심의 사외 이사로 선임돼 큰 파문이 일자 부랴부랴 소환 조사를 진행했다. 솔직히 민망하지 않은가.

2010년 발생한 신한금융 내부의 공작과 모략은 지금까지 언론 보도와 정치권의 문제 제기를 통해 여러 번 화제가 되었다. 당시 신한금융지주 회장과 신한은행장 등이 주도해 신한금융지주 사장을 몰아내기 위해 사실상 무고나 다름없는 '기획 고소'를 강행했다. 물론 1심과 2심 재판을 통해 고소 내용은 모두 허위로 드러났다. 문제는 이 과정에서 신한 쪽이 억지 증거 수집을 위해 고객들의 개인 정보를 무차별 조회하고 불법적으로 계좌 추적까지 했다는 사실이다. 이러한 범죄행위가 사회적 이슈로 떠올랐는데도 금융 감독 기관은 솜방망이 징계, 검찰은 봐주기 수사로 끝내려 하고 있다.

이뿐만이 아니다. 전 회장이 20개가 넘는 차명 계좌로 거액의 비자금을 운용해왔고, 또 이 돈의 일부로 자기 회사 주식을 거래한 증거까지 나왔다. 검찰은 이 부분 수사도 미적거리고 있다. 지금까지 언급한 신한 사태와 전 회장 관련 불법행위들은 2013년 금융감독원 감사를 통해 모두 사실로 확인됐다.

불법과 비리에 가담한 인사들이 처벌받기는커녕 지금도 두루 요직을 차지하고 있는 상황은 그 자체로 사회 정의에 반한다. 왜 검찰은 신한 사태 앞에만 서면 이렇게 작아지는가. 배후에 전·현직 정권 실세들이 있어서 그런 것인가. [2015]

도박장이 아니라
도서관을!

서울 용산에서 한국마사회의 횡포가 극에 달하고 있다. 마사회는 5월 31일부터 용산구 학교 앞 주택가에 화상도박장 문을 열었다. 마사회가 경마장을 차린 지점 반경 500미터 내에 있는 학교만 무려 여섯 곳이다. 성심여·중고의 경우 화상경마장과의 거리가 230미터에 불과해 서로 창문으로 뚜렷이 보일 정도다.

마사회는 '주민과 철저히 협의하라'는 국무총리의 지시를 거부했고, 국회 해당 상임위원회와 사전 협의하겠다는 약속도 팽개쳤다. '도심 외곽으로 이전하라'는 국민권익위원회의 권고도 안중에 없었다. 용산 주민 거의 모두가 반대했고, 서울시, 서울시의회, 용산구, 용산구의회, 서울시교육청 등이 모두 나서 개장 시도를 중단하라고 촉구했지만 막무가내였다.

그러나 마사회의 용산 화상도박장 개장 시도는 사실상 실패했다. 용산 화상경마장은 지하 7층, 지상 18층의 대형 건물이다. 3000석 규모의 도박이 가능하나 현재는 5개 층에서 574석을 운용 중이다. 그럼에도 마사회가 개장을 시도한 5월 31일과 6월 5일부터 7일까지 매번 수십여 명의 경마 도박객들만 입장했을 뿐이다. 그마저 주민들이 최대한 합리적으로 호소를 하고 물리적인 원천 봉쇄는 하지 않았기에 가능했다. 역설적이게도 찾아오는 도박객들마저 학교 앞이나 주택가의 도박장은 문제가 있다고 인정하고 있다. 주민과 학부모들의 호소를 듣고 발길을 돌리는 이들도 꽤 있다.

현재 용산 주민과 학부모, 교사, 성직자들은 2년 2개월 넘게 용산 화상경마 도박장 개장을 저지하기 위해 투쟁하고 있다. 노숙천막 농성도 1년 5개월을 넘겼다. 우리 아이들의 교육 환경을 보호할 책임이 있는 정부(농림축산식품부)와 공기업 마사회가 오히려 그 환경을 파괴하는 일에 앞장서기에 주민들이 나설 수밖에 없었다.

박근혜 정부에 묻는다. "땀 흘려 일하는 정직한 사회를 만들 것인가, 국민들에게 도박을 부추기고 패가망신을 유도하는 도박 공화국을 만들 것인가."

답은 명확하다. 대한민국이 도박 공화국으로 전락하는 것은 반드시 막아야 한다. 이미 전국에 70개 가까운 화상도박장이 있다. 내국인 전용 카지노(강원랜드)까지 운영되고 있다. 모두 정부와 마사회 등이 주도하고 있다. 박근혜 정부는 경제 활성화라는 미명하에 내국인 카지노까지 확대하려 하고 있다. 대통령이 말하는

'창조경제'가 도박 경제였는가.

　최근 용산 화상도박장 문제의 심각성이 널리 알려지면서 더 많은 국민들이 마사회의 교육 환경 파괴 행위를 비판하게 되었다. 학교 앞 교육 환경을 해칠 우려가 큰 관광호텔 설립에 대해서도 많은 국민이 반대하는 것으로 나타났다. 이 역시 박대통령이 핵심적으로 추진하는 정책이다. 대다수 국민들이 반대하는데도 밀어붙이고 있다.

　박근혜 정부와 마사회에 촉구하고 호소한다. 더 이상 용산 주민과 학생들을 괴롭히지 말라. 용산 주민과 시민들은 무슨 일이 있어도 마사회의 화상도박장 개장 시도를 막아내고야 말 것이다. 그리고 교육 환경과 주거 환경을 파괴하는 정책과 행태들을 중단하지 않으면, 더 큰 국민적 저항과 심판에 직면하게 될 것임을 강력히 경고한다. [2015]

세상이 그대를 속인다면
슬퍼하거나
노여워하세요

〈시크릿〉을 읽어본 사람들에게 이 책을 권한다.

'삶이 그대를 속일지라도 슬퍼하거나 노하지 마라'라는 러시아 시인 푸시킨의 시를 애송했다. 인생에 대한 관조와 낙관을 담은 그 시를 나뿐만 아니라 많은 사람이 좋아하는 것 같다. 확실히 성찰과 긍정은 삶을 살아가는 데 큰 힘이 된다. 사춘기 시절 푸시킨의 시를 읊조리면서 다시 시작할 기운을 냈던 기억이 난다.

그런데 '삶'의 자리에 '세상'이 들어간다면 이것은 다른 차원의 얘기가 된다. 세상이 그대를 속일지라도 슬퍼하거나 노하지 말라고? 세상의 우여곡절과 모순은 인생의 그것과는 확실히 다른 것이다. 개인적 차원에서는 자신의 삶을 마주하는 관조와 함께 자기긍정도 필요하지만, 사회적 차원에서는 개개인의 삶을 파괴하는 모순을 상대할 때는 긍정이 아니라 부정과 저항이 필요하다. 〈긍정의 배신〉은 개인적 미덕이어야 할 '긍정'이 사회적으로 강요될 때 어떤 비극이 발생하는가를 심층적으로 다룬 책이다.

저자 바버라 에런라이크는 이 책을 통해 긍정이 삶에 대한 성찰과 관조를 바탕으로 한 지혜와 미덕이 되는 정도를 넘어, 사회문제에 대한 건강한 비판과 시민들의 비판 이성을 마비시키는 사이비 종교 수준의 '긍정교'로 변질되는 미국 사회의 현실을 설득력 있게 비판한다.

저자가 직접 워킹 푸어의 삶을 체험하고 쓴 〈노동의 배신〉도 고전에 반열에 오를 만한 훌륭한 저작이지만 〈긍정의 배신〉의 호평에는 못 미친다. 처음에 〈긍정의 배신〉이라는 책 제목을 접했을 때는 '긍정이 무엇을 배신한다는 말인가? 나 역시 긍정적인 사람이 되기 위해 노력하는데' 하는 의아한 마음이 들었다.

동기유발 산업은 이런 새로운 현실을 교정할 수 없다. 동기유발 산업이 할 수 있는 것이라곤 현실에 대해 생각하는 방식을 고치라고 제안하는 것뿐이다. 기업 구조조정은 환영해야 할 즐겁고 진보적인 변화이고, 실업은 스스로 탈바꿈할 수 있는 기회이며, 새로운 '승리자' 집단은 격동 속에서 모습을 드러낸다. 기업들이 동기유발 업체에 높은 비용을 치르면서 해주길 바라는 일도 바로 그것이다.

AT&T는 2년 동안 1만 5000명을 정리 해고할 것이라고 발표한 당일, 샌프란시스코 직원들을 '성공 1994'라는 동기유발 행사에 보냈다. 타임의 리처드 리브스에 따르면, 그 행사의 주연급 연사인 열광

적 기독교인 지그 지글러가 전한 메시지는 이랬다. '그건 당신 잘못이다. 체제를 탓하지 마십시오. 상사를 비난하지 마십시오. 더 열심히 일하고 더 열심히 기도하세요.'

당신이 원하는 것을 갖지 못한다면, 불행하다고 느낀다면, 용기를 잃거나 패배한다면 그것은 전적으로 당신 책임이다. 긍정신학은 아름다움과 초월, 자비가 없는 세계를 완성하고 승인했다.

[조엘] 오스틴의 세계에서는 하느님마저 지지자의 역할을 할 뿐 필수적인 존재가 결코 아니다. 신비와 경외감은 사라지고 없다. 하느님의 존재는 집사장 내지 개인적 조력자로 격하되어 있다. 하느님은 나의 속도위반 딱지를 해결해주고, 식당에서는 좋은 자리를 찾아주고, 내가 책 계약을 딸 수 있도록 해준다.

이 책의 몇 단락만 읽어봐도 주제 의식이 잘 드러나 있다. 저자는 어느 날 유방암 진단을 받게 된다. 그런데 유방암 치료를 받던 중 병을 치료하기 위해 용기를 주는 정도를 넘어선 '암은 축복'이라는 식의 극단적인 긍정적 태도를 접하게 된다. 그때부터 그녀는 자기계발서와 동기유발 산업의 실태와 폐해, 초대형 교회와 '번영신학'의 확산, 학계 긍정심리학의 모순 등을 파헤친다.

이 책을 보면 지금 미국의 최대 종교와 신념 체계는 긍정교임을 알 수 있다. 여기에 미국 자본가들이 자본의 더 많은 자유와 이윤을 위해 노동자들에게 강요하는 극단적인 긍정적 태도까지를 종합하면, 사회 각계의 자기 생존 전략을 넘어서 사회 전반에 영향을 미치고 있다. 사회적 모순과 정부의 과제, 기업의 사회적 책임, 인생의 복잡한 단면 등이 복합적으로 현실을 만들고, 과거와 현재의 끊임없는 대화가 인간의 역사를 만들어감에도, 모든 문제를 개개인의 책임으로 둔갑시켜버리는 신기한 종교. 저자는 그 분석을 통해 보수적 지배계급과 자본가, 기업가형 종교인, 양심을 판 학자 등이 큰 이득을 취하는 미국의 현실을 구체적으로 설명한다.

긍정이나 낙관이라는 말을 좋아하고 그런 삶의 자세를 지니기 위해 노력하는 사람도 많을 것이다. 나도 대표적으로 그런 사람 중 한 명이다. 그럼에도 이 책을 읽으면서 긍정적 사고에 대해 다시 고민해보게 되었다. 사회문제를 철저히 개인의 성정 문제로 변질시키며, 소비자본주의를 부추기지 않는지.

무엇보다도 긍정교는 정리해고와 감원마저도 자기 자신을 탓하면서, 긍정적으로 수용하게 만드는 신비한 마력을 발휘한다. 정리해고를 당한 개인이나 불안하게 남아 있는 개인이나 모두에게 경쟁과 해고를 무한히 받아들이게 하는 자본의 치밀한 전략이 발휘되고 있다. 이 충격적인 세계의 무기가 바로 긍정교다.

잘 보면 한국 사회에서도 익숙한 풍경이다. 분명히 사회적 모순,

사회정책과 맥락이 맞닿아 있음에도 불구하고 오로지 개인의 문제로 치환하는 경우가 이곳에서도 비일비재하다. 살벌하고 반인간적인 신자유주의의 모순은 은폐되고 모든 문제가 경쟁 사회에 적응하지 못하고 스펙을 쌓지 못했기에 벌어진 문제라는 식으로 끊임없이 개인을 압박하고 순치시키는 것이 작금의 현실이니까. 예컨대 분명한 자본주의의 모순으로, 사회정책과 법제도 개혁을 통해 개선해야 할 비정규직 사태마저도 경쟁과 스펙 쌓기를 긍정하지 못한 개개인이 짊어져야 할(그런 사람들이 비정규직이 될 수밖에 없다는!) 당연한 형벌인 것처럼 일각에서는 얘기되고 있다.

무서운 일이다. 현실의 모순과 고통을 개선해야 함에도 불구하고 "지금 그런데 시간 낭비하지 말고, 나중에 네가 성공해서 고치면 되잖아"라고 핀잔을 주는 어른이나, "원래 현실은 그런 거야. 믿음이 부족해서 그런 것이니, 하나님 잘 믿고 천당 가야지"라는 식으로 접근하는 일부 기독교인을 만나는 것은 어려운 일이 아니다. 이런 논리들이 좀 더 세련되게 발전해서 '모든 것이 네 잘못이야' '모든 문제가 네가 긍정적이지 못해서 발생한 것이야'라고 개인에게 책임을 전가하는 세상이 된 것이다.

심지어 반값등록금 투쟁 현장에서도 그런 얘기를 접하게 된다. 살인적인 교육비 부담으로 고통받는 학생들에게 "너는 왜 그렇게 부정적으로 접근하니, 네가 긍정적으로 열심히 공부해서 장학금 받으면 되잖아"라고 말하는 이들이 있으니까. 물론 예전에도 그런

비틀린 지적이 있었지만, 긍정교가 한국에도 점점 퍼지고 있는 것 같아 씁쓸함을 감출 수 없다.

"가난, 비만, 실업이라는 현실 문제가 마음가짐만으로 극복 가능한 작은 장애물로 축소되는, 자본주의와 긍정주의의 공생 관계를 밝힌다"는 〈퍼블리셔스 위클리〉의 리뷰, "경기 침체와 재난의 징후에 눈감게 만드는 '무분별한 긍정주의'의 폐해를 경고한다"는 〈북리스트〉의 리뷰에 이 책을 읽어야 할 이유가 잘 나와 있다.

2008년 미국의 경제 위기와 긍정교의 관계를 분석한 마지막 장도 우리에게 많은 시사점을 준다. 위기를 위기로 보지 않고 모든 것을 긍정적으로 해석하는 것을 강요당하다가, 결국 엄청난 재앙에 직면하고야 만 것이다. 한국에서도 부동산 불패 신화, 재벌 신화 같은 것이 있는데, 그것은 정권과 자본의 전략에 따라 부동산 투기나 재벌 체제를 긍정하면서 생긴 것이다. '재벌이 망하면 대한민국도 망한다'는 극단적인 재벌에 대한 긍정이 최근의 경제민주화와 재벌 개혁 국면에서도 부정적 위력을 발휘하고 있다.

그렇다면 우리는 긍정적 태도를 포기해야 할까? 그건 아닐 것이다. 긍정적 태도와 낙관적 자세 자체가 나쁜 것은 아닐 터다. 다만 사회적 차원에서는 긍정교에 빠지지 않도록 철저히 경계해야 한다. 그람시가 이야기한 것처럼 이성으로 비관하되 의지로 낙관하는 자세가 가장 올바른 삶의 태도가 아닐까. 반드시 비판하고 개선해야 할 것은 때로는 부정적 태도로 비치더라도 그렇게 해야 하

고, 한편으로 사람과 세계의 변화 가능성에 늘 마음의 문을 열어

놓는 낙관적 자세는 언제라도 필요하니까. [2012]

제3부

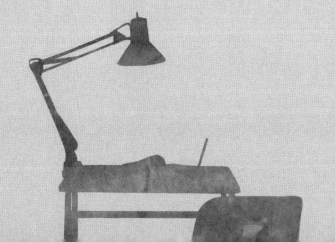

헌법에
'갑질 폭력 금지'를
넣는다면?

대한민국이 민주공화국이라고? 최근 벌어진 일련의 재벌 폭력과 노동자들에 대한 사회 곳곳의 갑질을 보면 안타깝게도 '재벌 공화국' '갑질 공화국'이라고 불러야 할 것 같다. 헌법 제1조 2항엔 '모든 권력은 국민으로부터 나온다'고 쓰여 있다. 그러나 현실은 헌법 조문은 휴지 조각에 불과하고, '권력은 재벌과 특권층으로부터 나온다'는 말이 더 어울려 보인다.

시민들은 한진그룹 총수 일가의 범죄 행태에 경악하고 있다. 총수 일가는 국민의 생명과 안전을 다루는 항공 사업에서 완전히 손을 떼야 한다. 그들을 그룹의 모든 사업에서 전부 퇴출시켜야 한다는 여론이 비등하지만, 그것까지 강제로 시행하기 어렵다면 최소한 공공성이 생명인 항공교통 사업에서만큼은 물러나게 해야한다. 그들이 그동안 항공기 안팎에서 안전을 저해하고, 승무원들에게 갑질 폭력을 가하고, 수시로 보안·검역 규정을 위반한 행위 등을 보면 불안하고 부끄럽고 화가 난다. 더 이상 대한항공을 이용하고 싶지 않다는 시민들의 반응은 자연스럽다.

2014년 대한항공 땅콩 회항 사태 당시 조부사장은 이륙을 위해 활주로로 향하던 항공기를 되돌려 승무원 사무장을 비행기에서 폭력적으로 내리게 했다. 참여연대 노동사회위원회는 조씨를 갑질 폭력 피해자들의 피맺힌 마음으로 고발했었다. 항공법과 항공보안법 위반, 위력에 의한 업무방해죄, 강요죄 등 혐의였지만, 당시 고발인으로 참여했던 나는 실제로는 형법에는 명시되어 있지 않은 '인간 존엄 말살죄' '직원 영혼 파괴죄' '노동 천대 갑질죄'로 고발하는 심정이었다. 갑질은 그 자체로도 치명적이지만, 우월적 지위를 남용해 인간 일반의 존엄성을 말살하고 해당 노동자의 영혼을 파괴한다는 점에서 중대한 범죄행위다. 역사와 사회의 기초를 구성하는 인간 존엄성과 신성한 노동의 가치를 파괴한 죄는 엄히 물어야 한다.

땅콩 회항 사태가 큰 사회문제가 되었을 때 총수 일가는 대한항공 고위 임원들에게 '도대체 왜 이렇게 문제 삼는지 도저히 이해할 수가 없다'는 취지로 말했다고 한다. 그동안 그들의 갑질 폭력 앞에서 누구도 토를 달지 않다가 갑자기 문제 삼는 여론이 의아하다는 반응이다. 아무도 그들의 잘못을 지적하거나 개선을 촉구하지 않았기 때문에 이처럼 황당한 인식이 자리를 잡았을 것이다.

만약에 재벌 총수 일가나 사회경제적 권력자의 갑질 폭력 행위가 발생했던 초기부터 그들을 엄정히 처벌했으면 어땠을까. 회사의 명예와 평판을 실추시키고 손해를 발생시킨 것에 대해 책임을 물어 경영 일선에서 물러나게 하고, 더 나아가 회사에 대한 손해를 배상하게 했으면, 아마도 그들은 엄벌과 무거운 배상이 무서워서라도 그렇게 행동할 엄두를 못 냈을 것이다.

지금 한진그룹 총수 일가의 갑질 폭력 행위에 맞서 을들의 반란으로 시민들이 적극 연대하고 있다. 여기서 우리들의 투쟁과 연대가 멈춘다면, 앞으로도 재벌과 사회경제적 권력자의 갑질 폭력은 계속될 것이다. 고귀한 주권자인 우리가 억울한 일을 당해 눈물과 한숨으로 살아가야 할까?

마지막으로 재벌 총수 일가에게 다른 몇 개 국의 헌법 제1조를 보여주겠다. 그전에 우리도 곧 개헌을 하게 될 때 인간 존엄과 노동의 신성함을 대폭 강조하는 규정을 만들자는 의미에서 '시민 안진걸 개헌안'을 제출해본다.

"대한민국은 민주공화국이고 노동 존중 공화국이다. 대한민국의 모든 권력은 국민으로부터 나오고, 대한민국에서는 모든 종류의 갑질 폭력이 금지되며, 대한민국의 기초는 일하는 국민들과 신성한 노동이다. 이에 국가와 정부는 인간의 존엄성과 노동의 가치를 전면적·절대적으로 보장·보호해야 한다."

독일 헌법 제1조:

인간의 존엄성은 훼손할 수 없다. 인간의 존엄성을 존중하고 보호하는 것은 모든 국가권력의 책무이다. 이에 독일 국민은 세상의 모든 인간 공동체와 평화 및 정의의 기초로서의 불가침이고 불가양인 인권에 대해 확신하는 바이다.

이탈리아 헌법 제1조:

이탈리아 공화국은 노동에 기초를 두는 민주공화국이다. 주권은 인민에게 있고, 헌법으로 정하는 형식과 제한 내에서 주권을 행사한다.

네덜란드 헌법 제1조:

네덜란드 왕국 안에 있는 모든 사람은 평등한 상황에서 평등하게 대우된다. 종교, 신념, 믿음, 정치적 의견, 인종, 성별 혹은 기타 그 어떤 사유에 기초해서도 차별 대우는 허용되지 않는다.

칠레 헌법 제1조:

인간은 자유롭고 평등하며, 존엄하고 권리를 보장받는 존재로 태어났다. [2018]

1991년 5월 투쟁
20주년에 부쳐

4월, 아, 총탄에 뚫린 4월 그 가슴 위로,
5월, 5월 그날이 다시 오면 우리 가슴에 붉은 피 솟아

우리들은 싸우고 또 싸웠다.
사람들이 죽고 또 죽었다.
우리들은 울고 또 울었다.

우리들은 또 싸우고 또 싸웠다.
사람들이 또 죽고 또 죽었다.
우리들은 또 울고 또 울었다.

그래도 우리들은 또 싸우고 또 싸웠다.
그러다 사람들이 또 죽고 또 죽었다.
그리하여 우리들은 또 울고 또 울었다.

아, 싸움이, 죽음이, 눈물이 그칠 날이 없었다….

그런데 어느덧 무려 20년이 지나버렸다.
그때 싸우고 또 싸웠던 우리들은 어디에 있는가.
그때 울고 또 울었던 우리들은 어디에 있는가.
그때 죽고 또 죽어간 사람들은 도대체 어디에 있을까.

하, 지금도 싸움이, 죽음이, 눈물이 계속되고 있구나…. [2011]

* 1991년 4월 26일 강경대 열사의 죽음으로 시작해 김귀정, 박승희, 김
  영균, 천세용, 김기설 등 열사들의 죽음이 연이어지면서 2개월 동안
  '열사 정국' 또는 '분신 정국'이 지속됐다.

그리운 사람
노수석 님아

한 번도 만나지는 못했지만, 우린 언젠가 분명히 함께했을 거예요. 빛고을 광주에서 오다가다 봤을 수도 있고요. 1995년 서울에서도 민주의 함성을 함께 질렀을 거예요. 하늘에서도 기억나죠? 1995년 전두환·노태우 일당을 처단하기 위해 우리 모두 함께 흘린 땀방울, 거리를 가득 메운 서총련의 깃발.

지금이나 그때나 청년 대학생들은 고민이 많았죠. 모르는 체하고 살 수도 있었지만, 그럴 수는 없었잖아요. 안으로는 등록금 문제 해결과 대학 민주화의 과제, 밖으로는 군사독재 청산과 자주와 민주, 그리고 통일과 해방의 과제. 혼자 할 수 있는 일은 아니었어요. 그래서 우리는 동아리를 찾고, 학생회로도 뭉쳤어요. '사람이 희망이다' '사람 사랑' 이런 말들에 끌렸고, 좋은 선후배와 동기들 사이에서 행복했었죠.

비록 학생운동은 쉽지 않았고 이미 퇴조하는 분위기도 있었지만 누구를 탓할 일은 아니었어요. 그래서 우리는 자신부터 성찰했던 거죠. 좀 더 잘할 수 있었는데 하는 진한 아쉬움이 회한으로 남지만, 그래도 당시엔 최선이었어요. 잘하고 싶었지만요. 1996년 3월 그날도 그랬을 거예요. 우리는 시대적 한계, 실존적 고뇌에도 불구하고 우리가 할 수 있는 최선을 찾았던 거예요.

지금은 그분도 하늘로 갔지만 분명 민주주의나 정의라는 관점에서 살아온 것에 비해 당시 YS 정권은 문제가 많았거든요. 피 끓는 청춘으로는 도저히 용납할 수 없는 일도 있었고, 무엇보다도 등록금 문제와 고등교육비 고통으로 시달리는 우리 벗들을 외면할 수 없었어요. 자식들 등록금과 교육비를 마련하느라 고생한 부모님을 생각하면 눈물부터 났고, 뭐라도 해야겠다고 결기가 생기기도 했었지요.

그래서 그날도 사랑하는 선후배 동료들과 거기로 나갔던 것이거든요. 참, 잘한 것이었어요. 당연히 그랬어야죠. 그러나 정권과 경찰의 폭압이 우리들을 피해가지 않았어요. 수많은 학생과 시민들을 죽음과 고통으로 몰아넣은 폭력은 이승만 부패 독재에서부터 박정희 군사독재, 전두환·노태우 일당을 거쳐 문민정부까지 그 잘못된 전통을 확고히 이어왔던 것이죠.

그렇게 그대는 하늘나라로 먼저 가버렸소. 너무나 많은 서러운 죽음들 앞에, 그대 앞에 늘 숙연해지오. 언젠가 다시 만나게 되면, 그리움으로 부둥켜안고, 대성통곡으로, 야단법석으로 슬픔과 기쁨을 함께 나누길 고대하오.

한 번도 만나지는 못했지만, 우린 언젠가 분명히 함께했을 거예요. 등록금 투쟁 현장에서, 민주주의를 염원하는 곳곳에서 우리는 분명 함께였을 거예요.

시간과 공간에 차이가 좀 있었으면 또 어떻습니까. 바로 앞에, 바로 옆에서만 봐야 만남인가요? 그 시대, 고뇌, 고통, 행동의 거리에서 때로는 우리의 시공간이 일부 엇갈렸다 해도 그대와 나는, 그래서 우리는 하나였던 것입니다.

하늘에 있는 이여. 그대도 '6월의 노래'를 부르곤 했을까요? 다가오는 6월에 이 노래를 함께 부른다면 얼마나 좋을까요. 계절은 이렇게 다시 늘 돌아오지만, 먼저 가버린 그대는, 수많은 벗들은 다시 돌아오는 법이 없군요. 어제 내내 그 사실이 서럽고도 서럽더니, 오늘은 소스라치게 슬프고, 가슴 깊이 사무쳐옵니다. 그리운 사람 노수석 님아, 서러운 벗 노수석 열사여. 20주년을 맞아 씁니다. [2016]

* 연세대 법학과 학생 노수석은 1996년 3월 29일 '김영삼정권 대선자금 공개와 교육재정 확보를 위한 서총련 집회'에 참가했다가 경찰의 토끼몰이식 폭력 진압에 목숨을 잃었다.

허세욱 선생
9주기 추모제에
부쳐

선생님, 세월이 아득한 것 같기도 하면서 때로는 바로 최근이었던 것처럼 자꾸 휘어집니다. 그리움의 크기 때문일까요? 원래 삶이라는 게, 기억이라는 것이 그런 것일까요. 자꾸 잊어버리고 살면서, 마치 늘 가까이 기억하는 것처럼. 말하는 저 자신의 위악에 놀라면서도, 그래도 늘 정겹고 뜨거웠던 선생님의 마음만큼은 정말 가까이 느껴지는 것은 감히 진실이 아닐까요.

선생님, 2007년 4월 1일 온몸과 온 영혼을 바쳐버리셨어요. 안 그러셨다면 얼마나 좋았을까, 부질없는 생각에 눈물을 훔칩니다. 그러나 끝없는 불의에 도저히 버틸 수 없었던 그 고뇌를 알기에 선생님을 이제는 담담히 보내드리고 있습니다.

그렇게 불현듯 치밀어 오르는 그리움은 깊은 회한으로 이어지지만, 선생님께서 원하시는 것은 깊은 추모나 세상에 대한 한탄만은 아니겠죠. 오히려 선생님의 숭고한 뜻을 어찌 계승하고 전파할지 치열하게 고민하면서, 선생님의 유지를 이어 온몸으로 행동하는 게 저희들의 참된 도리겠죠.

선생님, 그날 4월 1일 소식을 듣고 한강성심병원으로 달려갔었죠. 이미 많은 분들이 도착해 커다란 슬픔과 분노를 토해내고 있었습니다. 정말이지 용서할 수 없는 정권의 행태에 저 자신도 몸서리를 쳤습니다. 그러고는 4월 15일 선생님을 하늘나라로 보내고 말았습니다.

눈치 채셨겠지만, 선생님을 종종 잊고 지내기도 합니다. 그러나 일상에 찌들어, 삶에 쫓기어, 온갖 시름에 겨워 잠시 잊는 것이 진짜 잊어버린 것은 아니겠죠. 또 이렇게 많은 분들이 이 자리에 모였잖아요. 저도, 저희들도 늘 선생님과 함께하고 있고요.

선생님, 2006년 12월 말쯤 선생님께서 제게 남겨주신 음성을 영원히 잊지 못합니다.

"안팀장님, 허세욱이에요. 어제 집회 때 참여연대 깃발이 안 보였어요. 늘 참여연대 깃발이 잘 보였는데, 어제는 무슨 일이 있었나 봐요. 제가 참여연대 회원인데, 큰 집회 때 참여연대가 안 보이면 너무 서운해서요. 새해엔 참여연대도, 안팀장님도 더욱더 건강하시고요. 2007년엔 더 종종 투쟁의 현장에서 뵙게 되길 빌어요. 허허허."

이미 그때 선생님은 궁극의 투쟁을 준비하고 결의하셨는지 모르겠습니다…. 다시 한 번 그 음성, 따뜻하면서도 의기 어린 그 목소리에 초연해지기만 합니다. 선생님의 귀한 뜻, 이미 세상에 널리

—— 허세욱 열사는 2007년 4월 1일 한미 FTA 반대 운동에 자신의 모든 삶과 투쟁을
바치고 떠났다. 투쟁 현장에서, 천막 농성장 구석에 묵묵히 있다가 사람들에게
커피 한 잔을 나눠주고 천막을 수리하던 그의 모습을 많은 이들이 기억한다.
사진 참여연대

퍼지고 있지만, 아직도 많이 부족하고, 요즘은 선생님께 참으로 부
끄러운 일들만 연속입니다. 송구해서 어쩌지요….

그러나 선생님께서 주신 그 음성, 늘 저희들의 귓가에 죽비처럼
메아리칩니다. 슬픔도 힘이 된다는 말처럼 그것이 큰 힘이 되고
용기가 됩니다. 잊지 않을 것입니다. 더 잊지 않겠습니다. 행동할
것입니다. 더 행동하겠습니다.

여기 (구)민주노동당, 민주노총, 한독운수 노동조합, 관악주민연
대, 평화와통일을여는사람들, 참여연대 등 선생님이 사랑했던, 또
역시 선생님을 사랑했던 사람들이 모였습니다.

선생님, 송구스러운 일이 참 많습니다만 그래도 고맙습니다. 그
립습니다. 사랑합니다. 부디 평안하소서. [2016]

'촛불' 타오르게 한
양심적 수의사
박상표

박상표 선배, 정녕 사실인가요. 2014년 1월 19일, 선배가 스스로 떠났다는 비보가 날아온 그날 이후 지금까지도 믿기지 않습니다. 솔직히 선배를 조금은 원망하고 있습니다. 홀로 떠나면서 겪었을 수많은 고뇌와 고통을 잘 알지 못하면서, 예의가 아닌 줄 알면서도, 선배가 왜 그 먼 길을 그렇게 황망히 떠나야 했는지 너무도 슬퍼 서운하기까지 합니다. 그만큼 선배는 우리 사회에, 수많은 이들에게, 그리고 내게 귀하고 소중한 분이었습니다.

물론 다 그럴 만한 이유가 있었겠지요. 다만 너무나 죄송할 따름입니다. 선배의 고통과 고뇌를 조금도 알지도, 이해하지도 못했다는 사실이. 돌이켜볼수록 도움만 받았을 뿐 해드린 게 없으니까요. 그래서 벌써부터 더욱 그립습니다.

무엇보다 참여연대와 시민사회 단체들은 선배에게 진 빚을 잊을 수 없습니다. 2008년 촛불 시위 때, 막 개업한 동물병원 운영은 뒤로한 채 '국민건강을 위한 수의사연대' 정책국장을 맡아 미국산 광우병 위험 쇠고기를 둘러싼 과학적 진실을 밝히고자 헌신적으로 활동했습니다. 만약 선배 같은 양심적인 수의사와 전문가들이 없었다면 '촛불'은 그렇게 뜨겁게 타오르지 못했을 겁니다.

처음 항생제 남용의 문제점을 참여연대와 함께 제기할 때부터 선배는 늘 한결같았습니다. 광우병, 구제역, 조류독감 등 국민 건강과 관련된 이슈를 늘 연구하고 공부하고 고민하던 모습, 주위에서 도움을 청할 때마다 꼭 필요한 답변과 활약을 해주던 모습, 기억납니다. '걸어 다니는 딕셔너리(사전)'라는 별칭이 전혀 과장이 아니었고요. 전화를 드릴 때면 대부분 도서관에서 자료를 찾고 있었죠. 그 공부의 성과를 바로바로 사회적으로 공유했습니다. 보건의료단체연합 등과 함께 신속히 자료를 만들어준 덕분에, 우리는 보도자료를 돌려 국민과 언론에 알릴 수 있었습니다. 천금을 주고도 못 살 선배의 지식과 열정, 헌신과 노력을 우리는 영원히 잊지 못할 것입니다.

선배와 함께 역사의 숨결을 배우고 느끼고자 순천 송광사와 조계산을 거쳐 선암사 일대를 답사했을 때가 너무나 그립습니다. 잘 알려지지 않은 전북의 화암사와 귀신사를 찾았을 때도 잊을 수 없습니다. '통일희망모임'을 함께 꾸려 비전향 장기수들의 송환 운동을 하고, 또 그때마다 뒤풀이 자리에서 조국과 민중의 현실에 대해 나눴던 많은 말씀을 결코 잊지 않을 것입니다.

선배는 때로 한국 시민사회 운동의 문제점도 매섭게 비판했지요. 너무 아파서 쩔쩔맸지만 의롭고 적절한 지적이었기에 지금도 귓가에 생생합니다.

"시민사회 운동이 조국과 민중에게 더욱 헌신해야 한다."

"시민사회 운동은 무식하면 안 되니 국민을 위해 끊임없이 공부하고 또 공부해야 한다."

그 말씀들을 어찌 잊을 수 있겠습니까.

이제 시민사회 운동을 고민하는 모든 이들에게 선배의 그 호소를 전달해봅니다. 선배가 열망했던 '민중이 주인 되는 좋은 세상'을 위해 우리가 더욱더 치열히 노력하겠습니다.

"형, 형, 상표형!"

다시 한 번 애타게 불러봅니다. 부디 평안하소서. [2014]

MB의 화법,
'내가 그거 해봐서 아는데'

　대통령이 종종 하는 말씀 중에 "내가 그거 해봐서 아는데"라는 것이 있다. 2010년 말 롯데마트가 '통큰 치킨'을 5000원에 판매한다고 내놓았을 때도, 그는 "나도 요즘 치킨을 시켜 먹어봐서 아는데, 너무 비싸다"라는 식으로 말해 중소 자영업자들의 마음을 아프게 했다. 동네 상권까지 잠식하는 재벌·대기업의 무분별한 행태를 꾸짖기는커녕 고통받는 수백만 자영업자들의 입장은 안중에도 없는 태도였다.

　아무튼 그는 '나도 그것 해봐서 아는데…'라는 '전지전능 화법'이 주특기인 듯하다. 노점상도 해봐서 알고, 비정규직도 해봐서 안다는데, 이 정권에 들어 왜 서민의 고통은 가중되고 있는지 묻지 않을 수 없다. 심지어는 천안함 사태 때에도 "내가 배를 만들어봐서 아는데, 배가 운항 중에 쫙 갈라지기도 한다"라는 유명한 말씀을 남겼다. 이른바 '천안함 피로파괴설'로 유추될 수 있는 발언도 직접 한 것이다.

가장 최근에는 동대문시장을 방문해 민생고와 내수 경기 침체를 호소하는 상인들 앞에서 그 화법을 구사했다. "나도 장사해봐서 아는데, 열심히 끈질기게 하면 된다"라며, 아등바등 열심히 살지만 오히려 궁핍해지는 국민들의 화를 돋우는 말씀을 했다고 한다. 그렇게 대통령의 '내가 해봐서 아는데 (내가 다 알고 있다) (그것 별문제 아니다) (웬만하면 참고 견디어라)' 시리즈에 고통스러운 시절을 보내는 많은 서민들이 분노하고 있다.

서민들이 현실의 고통을 직접 호소하면서 좀 더 나은 정책을 바란 것인데, 그 앞에 대고 '나도 해봐서 아는데 참고 견디면 언젠가 좋아진다'는 식의 이야기를 남발하는 것이 대통령의 도리는 아닐 것이다. 민생고에 시달리는 민심을 잘 모르면서도, 잘 안다고 전제하는 것부터가 심각한 착각이다. 올바른 정치나 바람직한 정책은 민심을 제대로 파악하는 일에서부터 시작하는 것일 테니까.

요즘 살림살이가 어렵고 생활하기가 참으로 팍팍하다는 목소리가 가는 곳마다 터져 나온다. 여기저기서 이대로는 애 못 낳는다, 비정규직·저임금 너무 심하다, 제일 부담스러운 것은 각종 교육비용이다 등 탄식이 쏟아진다.

그래도 이명박-한나라당 강부자 정권의 입에서는 "나도 애들을 키워봐서 아는데, 교육비가 너무 심각하다"라는 말이 나오지 않는다. 그 이유가 참 궁금하다. 사실 저들은 민생고의 '민' 자도 모르지 않을까. [2011]

갑부세

미국에서 투자의 귀재라고 불리는 워런 버핏 등 미국의 큰 부자들super rich이 스스로 나서 부자 증세를 주창하면서, 부자들에게 부과하려는 세금의 이름을 '버핏세'라고 부르고 있다. 큰 부자들이 경제 위기 국면에서 국가의 재정 건전성과 서민 복지를 위해 세금을 더 내자는 좋은 취지다.

얼마 전에는 미국의 백만장자들이 국회의사당으로 몰려가 부자 증세를 촉구하는 시위를 벌여 큰 화제가 되었다. 연소득 100만 달러(11억 3000만 원) 넘는 고소득자들이 지난해 결성한 '재정건전성을 위한 애국적 백만장자들'이라는 비정부기구에서 미국 국회가 재정 적자에 대한 대책으로 반드시 부자 감세를 포함해야 한다고 촉구한 것이다. 미국과 유럽의 큰 부자들이 개별적으로 부자 증세를 촉구하긴 했지만 부자들이 집단적 시위에 나선 것은 처음이라고 한다. 이것이 바로 참다운 '노블레스 오블리주(사회 지도층의 의무)'가 아닐까.

조세 정의와 부자 증세를 줄기차게 주창해온 한국 시민사회는 이를 유심히 지켜보고 있다. 한국에는 왜 이런 부자들이 없을까. 집단적으로든, 개별적으로든 한국의 큰 부자들이 부자 증세를 추진하거나 호소한다는 얘기를 들어본 적이 없다. 자기 뱃속을 채우는 데는 능하면서 공적 책무에는 둔감한 그들을 보고 있자면, 솔직히 졸부나 천민자본주의 같은 부정적 단어밖에 떠오르지 않는다. 세계 최장의 노동시간, 산업재해 사망률 1위에, 출산율은 꼴지를 다투는 국가임에도 재벌과 대기업은 문제를 해결하기 위한 사회적 노력에 동참하는 일에는 참으로 소홀하다.

중소기업과 자영업자가 어떻게 되든 돈만 많이 벌면 되고 가급적 세금이나 복지 투자 같은 사회적 책무는 피하려고 하는 것이 한국 재벌·대기업의 전통적인 공통점이다. 심지어 느닷없이 반값등록금을 반대한다는 입장을 밝혀 힐난을 자초하기도 했다. 한국의 큰 부자들은 언제쯤이나 이탈리아 자동차 회사 페라리의 몬테제몰로 회장처럼 "내게 세금을 더 걷어라"고 자청할까. 지금 이 순간에도 그들은 법인세 인하 요구에 '올인'하고, 각종 세제 특혜(가령 2009년 기준 2조 원 규모에 달한 임시투자 세액공제 혜택의 87퍼센트가 대기업에 집중)를 누리고 있다. 더 나아가 기업 활동과는 아무런 관련이 없는데도 순전히 재벌 총수를 위해 상속·증여세를 인하해야 한다고 목소리를 높이고 있다.

한국의 부자들이 기업의 사회적 책임이 강화되는 시대적 흐름을 거스르는 데는 정부의 잘못된 국정 철학도 한몫을 한다. 이명박 정부에 들어 무려 90조 원대의 부자 감세가 계속되고 있다. 부자 감세를 신봉하는 현 정권의 국정 기조가 그들의 반사회성을 부추기고 있다.

노동자와 직장인들은 갑근세甲勤稅를 원천징수 방식으로 내고 있는데, 한국의 '강부자' 계층은 갑부세甲富稅를 추가로 내면 어떨까? 실제 이름은 유럽 연대세의 예처럼 사회통합세 정도로 붙인다면 조세 정의를 매개로 사회적 통합력이 더욱 제고될 것이다. 그들의 부가 자신들의 노력만으로 형성된 것이 아니라 국가적·사회적 산물인 만큼 나라와 사회를 위해 꼭 필요한 만큼 세금을 더 내는 것은 당연한 일이 아닐까. 그렇게 되면 그들의 부와 사회적 지위에 대한 시민들의 존경도 더욱 커질 것이다. 한국의 시민사회는 자발적으로 증세를 요구하는 큰 부자들이 출현하기를 학수고대하고 있다. [2011]

민생 운동의
출발을 기억함

박원순

민생 운동을 이야기하려면 빼놓지 못할 사람들이 있다. 먼저 지금 서울시장이 되어 있는 박원순 변호사 얘기를 해보겠다. 그는 원래 인권 변호사였다. 처음엔 과거 독재정권의 폭력에 맞선 사람들을 돕는 일을 하다가, 생존권이 짓밟히고 억울한 일을 겪는 시민들의 민생을 옹호하는 일로 자신의 영역을 넓혀나갔다. 그에게 그런 계기를 제공한 이는 조영래 변호사였다. 반독재 민주 투사로서 싸우면서 자연스럽게 인권 변론에 뛰어든 조변호사는 우리나라 집단소송의 효시라 할 수 있는 망원동 수재 사건을 맡았다.

1984년 9월 초 중부 지방에 기록적인 폭우가 내렸는데, 서울 망원동 유수지의 펌프장 수문이 부서지면서 일대의 집들이 물에 잠겼고 수만 명의 수재민들이 생겨났다. 당시는 재난 문제를 소송으로 해결할 수 있다고 생각하는 사람이 거의 없을 때였다. 조영래 변호사는 이를 인재人災로 보고 망원동 수재민들을 대리해 서울시를 상대로 손해배상 청구소송을 냈고 승소했다. 공익 소송의 새로운 장을 연 것이다. 그동안 시국 사건에 한정돼 있던 인권 변호사의 활동이 일반 시민들의 민생 문제로 넓혀지는 순간이었다. 이때 변론에 함께 참여한 박변호사는 그 과정을 옆에서 전부 지켜보았다. 조영래 변호사의 관심이 인권에서 서민 생존권으로 옮겨지는 모습을 직접 목격했을 것이다.

군사독재 정권에게 쫓기고 갇혀 고문당하는 양심수를 구하는 데에 몰두하던 변호사들을 국가나 지방 관공서의 무관심과 무능, 무대책으로 피해를 겪는 수재민을 대리하는 일로 끌어낸 동력은 무엇이었을까? 바로 민생 현장이다. 수재민이란 누구인가. 우리가 흔히 말하는 노동자계급이자 지배계급의 폭압에 맞선 피지배계급 아닌가. 간단히 말해 동네 서민, 일반 민초들이다.

박원순 변호사는 1995년 참여연대 사무처장을 맡으면서 '작지만 소중한 권리'(경향신문과 참여연대가 함께 진행한 '소소권' 연재처럼)를 찾아 지키는 일에 주력했다. 1997년에는 참여연대에 '작은권리찾기 운동본부'라는 독특한 이름의 부서가 생긴다. 큰 권리는 많은 사람들이 주장하지만 작은 권리는 우리 일상 속에서 간단히 묵살되지 않느냐, 정부나 지방자치단체, 대기업이 작은 권리라고 해서 함부로 무시하지 말 것이며, 시민의 입장에서 잠자는 권리를 깨워내 정당히 주장하자는 취지였다. 그때 또 한 명의 동지가 있었다.

김칠준 변호사. 두 사람이 의기투합해 작은권리찾기 운동본부를 이끌어간다. 정의당 국회의원을 지낸 박원석이 실무 간사로 결합해 정력적으로 활동한다. 너무 작아서 그냥 지나쳤던 시민들의 피해를 모아서 소송도 하고 고발도 하고 문제 제기를 위해 캠페인도 진행했다. 1999년 1월 초에는 나도 운동본부에 합류했다.

그해 어느 날 박원순 사무처장은 운동본부의 박원석 부장과 간사였던 나를 부르더니 한 가지 제안을 했다. 서민들이 열 받고 속 터지는 일이 너무너무 많은데 두 사람은 뭐하고 있느냐며 앞으로 일주일간 나랑 아이템을 모으는 시합을 하자는 것이었다. 서민들이 우리 사회에서 꼭 고치면 좋겠다고 생각하는 크고 작은 문제를 100개씩 모아 합치자, 그 300개를 하나씩 해결해나가면 현실이 달라지지 않겠느냐고. 드디어 일주일이 지나 모였는데 박부장과 나는 각각 10개가량, 당시 상황에서 당장 실천에 옮길 만한 괜찮은 아이템으로 조사해서 가져왔다. 박원순 사무처장은 자기는 100개를 다 채웠다고 하면서 삼공 파일을 보여주는 것이었다. 신문의 독자 투고와 사회면에 나오는 각종 불합리한 문제 등을 총정리해서 정말 100개를 채워 왔다. 그러면서 "둘은 나보다 훨씬 젊고 활동력도 있으면서 그것밖에 못 모았냐"고 따졌다. 그렇게 삼공 파일을 넘겨주면서 "그럼, 내가 준 100개랑 둘이 모은 20개, 120개를 갖고 앞으로 작은권리찾기 운동을 더 적극적으로 하자"고 독려했다.

당시 삼공 파일에 들어 있던 아이템 중 기억나는 것이 '계량기 교체 비용' 문제다. 예전에 한국가스공사에서 효과적인 계측을 위해, 즉 자신들의 영업을 위해 도시가스 계량기를 교체함에도 불구하고 그 비용을 도시가스 이용자에게 부과하던 시절이 있었다. 비유하자면 지금 주유소에 가서 기름을 넣는데 기름 값만 내는 게 아니라 주유기 수리 비용까지 낸다고 생각하면 얼마나 부당하고 불합리한가. 운동본부는 바로 그 문제부터 제기를 해, 가스계량기 교체 비용으로 납부한 돈을 환불해달라는 부당이득반환 청구소송을 냈다.

박원순 변호사가 사무처장을 맡아 권력 감시, 사법 감시, 검찰 개혁, 낙천·낙선 운동 등 정치적으로 부패한 세력을 몰아내는 운동을 많이 했지만, 실제로 그의 마음은 서민과 중산층의 민생에 꽂혀 있었다. 서울시장 3번째 임기 내내 서울시가 앞장서서 국민들의 민생 문제를 해결하는 데 모범을 보일 것을 당부해본다.

김칠준

참여연대 작은권리찾기 운동본부의 초대 본부장이 김칠준 변호사였다. 이름이 독특하지만 무척 사람이 좋은 분이다. 수원 지역의 인권 변호사들이 모인 다산법률사무소의 대표 변호사이기도 했다. 법률사무소 안에 다산인권센터라고 하는 인권 NGO도 만들었다(촛불 집회 사회로 유명한 박진 활동가가 다산인권센터 소속이

——— 작은권리찾기 운동본부는 1997년 3월 26일 한강로 빌딩 3층에서 출범식을 개최했다. 사진 참여연대

다). 서울 쪽에 나와서는 작은권리찾기 운동본부를 만들어 활동하고, 자신의 근거지인 수원에서는 다산인권센터를 통해 인권 이슈에 참여하는 일을 병행한 것이다.

1997년 3월 작은권리찾기 운동본부가 출범하면서 그는 1년 동안 다산법률사무소에서 받은 안식년 휴가를 고스란히 일에 바쳤다. 1995년 박원순 변호사가 시민단체에서 처음 상근한 이래 지금은 많은 변호사들이 시민단체에서 상근하고 있지만, 그때만 해도 그런 사례는 드물었다. 전 녹색당 운영위원장이던 하승수 변호사도 참여연대에서 1999년부터 2년가량 상근을 했다. 나중에는 장유식·이상훈·김성진·정민영·김남희·김선휴 변호사 등도 박원순·김칠준 변호사의 모범에 따라 참여연대에서 상근을 했거나 지금도 하고 있다.

2000년, 2001년 레미콘 노동자들의 노조 결성과 인정을 위해 단식 농성까지 하면서 헌신적으로 싸우던 김칠준 변호사의 모습을 잊을 수가 없다. 회사가 도급계약을 이유로 이들의 노조를 인정하지 않고 오히려 해고하자, 김변호사는 국회 건너편에서 열흘 넘게 단식 농성을 진행했었다. 운동본부의 이름은 '작은권리찾기'였지만 실제로는 그렇게 '큰 권리'를 찾는 투쟁도 같이 했다. 운동본부와 시민단체의 시민권리찾기 운동에 뚜렷한 족적을 남긴 김칠준 변호사에게 감사한 마음이다.

조희연

많은 이들이 참여연대 초대 사무처장을 박원순 변호사로 아는데, 1994년 창립한 참여연대를 맡아 1년 동안 상근한 사무처장은 지금 서울시 교육감을 맡고 있는 조희연 당시 성공회대 교수였다. 1995년부터 박원순 변호사가 8년쯤 사무처장으로 재직했고, 2001년에 김기식(전 민주당 의원)과 박영선(경희대 교수) 두 분이 함께 공동사무처장을 했고, 그 뒤를 김민영과 이태호 사무처장이 이었다.

조희연 교수는 만나보면 단박에 대단한 이론가라는 걸 알게 되는 분이다. 진보적 학자답게 사회경제와 정세를 분석하고 전망하

1998년 9월 참여연대는 국민 10주 갖기 운동의 대상으로 5대 재벌 그룹의 핵심 계열사를 선정했다. 삼성전자, SK텔레콤, 현대중공업, ㈜대우, LG반도체였다. 사진은 박원순 서울시장, 장하성 청와대 정책실장, 조희연 서울시교육감, 김기식 전 의원이 당시 기자회견하는 모습. 사진 참여연대

는 데 능했다. 하지만 그는 정치·사회적 진보를 부르짖는 것뿐 아니라 민생 현실에서 실천 방안을 찾은 분이다. 한국 재벌 개혁의 방법론으로 내세운 '소액주주 운동'을 봐도 그렇다. 한편에서는 소액주주 운동을 두고 주주만을 위한 자본주의를 찬성하는 것 아니냐, 노동자와 일반 시민들의 입장은 대변하지 못한다는 우려가 있었다. 하지만 당시 조교수는 소액주주 운동은 '민에 의한 자본 통제'라는 독특한 해석을 내놓으면서 신자유주의에 대항할 시민의 역할을 강조했다. 그에게 소액주주는 서민·중산층·민생의 다른 이름이었고, 소액주주의 합법적 권한을 통해 재벌 개혁을 이루고 총수 일가를 견제할 가능성에 주목한 것이었다. '국민 10주 갖

기 운동'도 그 일환이었다. 시민들이 부당 내부 거래 의혹이 있는 재벌 그룹 계열사의 주식을 10주 이상 사 참여연대에 권리를 위임하면, 참여연대는 주주총회에 참석해 소액주주의 입장을 대변하고 여러 권한을 행사하겠다는 복안이었고, 실제로 그런 방향으로 치열히 소액주주 운동과 재벌 개혁 운동을 전개했었다. 조희연 교수의 민중·민생에 대한 애정이 서울시 교육청에서도 교육 개혁과 교육제도 발전으로 이어지기를 기대한다.

김남근

조영래 변호사가 민생 운동에 영감을 주고 박원순, 김칠준 변호사가 그 영감을 받아 운동을 현실에 안착시켰다면, 운동을 대중화한 사람이 바로 김남근 변호사다. 이분이 작은권리찾기 운동본부 실행위원장을 하다가 그 조직을 확대해 2006년에 '민생희망본부'를 설립한다. 작은 권리도 찾아야 하지만 구조적 문제점, 즉 서민 가계 살림을 멍들게 하는 4대 가계 부담인 교육비, 주거비, 의료비, 통신비 부담을 해결하자는 취지였다. 본인이 초대 본부장을 맡아 열심히 활동했고, 참여연대에서만 민생 운동을 위해 20여 년을 일해왔다. 고마운 분이 아닐 수 없다. 참여연대 민생희망본부는 지금도 민생 문제 전반을 다루면서 대한민국에서 가장 활발히 활동하는 시민단체라고 해도 지나치지 않을 것이다.

김남근 변호사는 특히 주거 문제와 주택·상가 임대차 문제에 남다른 관심을 쏟았다. 서민들의 주거가 안정되려면 공공 임대주택이 대폭 늘어나야 하며, 세입자들이 계약 갱신 청구권을 선택해 행사할 수 있게 하는 방식으로 주택 임대차 최소 보호 기간을 최장 4~10년까지 늘려야 한다는 것이다. 마찬가지로 상가 임차인 보호에도 앞장섰다. 2001년 12월 그해 마지막 정기국회에서 법안심사소위원회에 김변호사와 함께 들어가 상가임대차보호법이 제정되어야 한다고 호소하며 의원들을 일일이 만나 설득하던 기억이 여전히 생생하다. 반값등록금, 전월세 상한제, 이자제한법 부활 같은 캠페인도 앞장서 이끈 분이다. 사람들은 그를 존경의 표시로 '남근옹'이라고 불렀다.

김변호사는 민변 변호사들도 사회경제적 민주주의에 기여해야 한다는 취지에서 민변 민생경제위원회라는 조직을 주도해 만들기도 했다. 2013년 남양유업 사태가 터지면서 갑을 문제가 대중들에게 큰 이슈로 다가갈 때 민변 민생경제위원회 변호사들의 활약은 그야말로 대단했다. 민생경제위원장을 맡았던 김남근·이헌욱·강신하·김성진·서채란·백주선 변호사는 동시에 참여연대 민생희망본부와 경제금융센터에서도 열심히 활동했다. 특히 이헌욱 변호사는 김남근 변호사에 이어 민변 민생경제위원장과 참여연대 민생희망본부장을 역임하면서 참여연대 민생희망본부의 활동을 반석 위에 올려놓았다. 사회 곳곳에서 중소기업·중소상공인을 위해, 가맹점주·대리점주들을 위해, 그리고 청년·서민들을 위해 꾸준히 활동하고 좋은 정책을 제안하면서, 사회경제적 약자들이 겪는 억울한 일들을 모아 발표하고, 부당한 사례들을 공정거래위원회에 신고하고 검찰에 고발하고, 가맹사업법 개정안을 내고, 대리점보호법 제정안을 낸 이들이 바로 민변 민생경제위원회 소속 변호사들이었다. 그들 덕분에 최근까지 공정거래법과 가맹사업법이 많이 개선되었다.

그리고 오늘 이 순간에도 민변, 금융정의연대, 한국중소상인자영업자 총연합회, 경제민주화실현 전국네트워크 등과 함께 대다수 국민들의 민생 문제를 해결하기 위해 불철주야 발로 뛰는 참여연대 민생희망본부 현 본부장인 조형수 변호사와 여러 실행위원, 참여연대 민생팀의 김주호·유동림·박효주·최인숙 간사가 있어 참 고맙고 든든하다. [2018]

시위에
동참한
배우들

'민주 대머리' 박철민

2011년 반값등록금 운동에서 후배 대학생들의 고통에 공감하던 배우들을 많은 이들이 기억한다. 본인들이 대학 시절 등록금을 마련하느라 힘들었던 경험이 있고 연극배우 활동을 하면서 겪은 가난 때문인지 등록금 문제에 감수성이 높았다. 권해효와 김여진이 광화문광장에서 진행된 반값등록금을 촉구하는 1인 시위에 참여했고, 김제동은 탁현민과 함께 반값등록금 촉구 집회장을 찾아와 지지 의사를 밝혔으며, 정진영은 반값등록금뿐 아니라 늘 시민사회의 여러 공익적 활동을 응원했다. 그중 박철민은 UCC 출연을 통해 등록금 인상에 반대하고 등록금 문제 해결을 촉구하는 활동에 동참했다.

영화와 드라마에서 명품 조연으로 해학 넘치는 연기를 펼치는 박철민은 나와 오랜 인연이 있다. 바로 영화 '목포는 항구다'에서 "이것은 입에서 나는 소리가 아니여"라는 대사로 유명해진 그 배우다. 전남 보성이 고향인 그는 1987년 중앙대 안성 교정 총학생회장을 지냈고 대학 시절 민중극을 무대에 주로 올렸다. 지금 드라마나 영화에 출연하는 모습을 보면 머리숱이 많아 보이지만 실은 그것은 가발이다. 예전에는 시원하게 머리가 벗겨진 모습 그대로 돌아다녔다. 운동권 집회의 명사회자로 이름을 날렸는데 그래서 별명이 '민주 대머리'였다. 큰 집회나 문화제 마당극, 노래패 공연에 가보면 그가 늘 사회를 봤다. 1991년 세종문화회관에서 처음 열린 민중 노래패 '꽃다지' 공연에서 사회를 본 이도 박철민이었다.

"안녕하십니까? 조국의 민주화와 노동 해방을 위해 일하는 일꾼, 민주 대머립니다."

그가 반값등록금을 지지하는 인터뷰를 자청하면서 UCC 녹음을 위해 대학로로 찾아갔었다. '늙은 도둑 이야기'라는 사회성이 짙은 작품에 출연하고 있을 때였다. 박철민은 박원상과 호흡을 맞춰 관객들에게 큰 웃음을 주고 있었다. 연극이 끝난 뒤 인터뷰에서 그는 20분가량 교육은 국가와 사회가 책임져야 하며 반값등록금을 지지한다고 역설했다. 특히 보는 이들의 웃음을 자아낸 한마디가 있었다.

"등록금 인상, 너무하시면 뒤질랜드!"

'뒤질랜드'는 그가 당시 드라마 '뉴하트'에 의사 역으로 나와 유행시킨 말이다. '뒤질래'(죽을래)와 '랜드'를 결합한 말로 '너, 디질랜드' 하는 식으로 썼다. 그가 참여한 '등록금 뒤질랜드' UCC 동영상은 인터넷에서 큰 화제가 됐다.

그전 2008년 촛불 집회에서 마주쳤던 기억도 난다. 그해 5월 어느 날 촛불 집회의 사회를 보려고 준비 중이었는데, 그가 두 딸과 함께 나와 있는 모습이 눈에 띄어 반갑게 인사를 했던 기억이 난다. 그는 시민들의 안전과 생명, 건강까지 함께 걱정하는 따뜻한 마음의 소유자이자 의식 있는 배우다. 치매를 앓고 있는 어머니를 떠올릴 때마자 펑펑 눈물을 쏟는 효자이기도 하다.

김미화

김미화 선생은 정말 개그면 개그, MC면 MC, 성우면 성우, 내레이션이면 내레이션, 못하는 것이 없는 분이다. 그런데 이명박, 박근혜 정권에 들어 방송국에서 기피 인물처럼 되었다. 방송이나 시민사회 모임에서 상식적인 선에서 정부를 비판하는 발언을 몇 번 했다고, 또 NGO 행사에 참여해 응원했다는 이유로 커다란 불이익을 받았다. 김미화 선생이 시민단체들을 여러 차례 도와준 건 사실이다.

2011년 반값등록금 운동을 하다 시위에 참가한 대학생들이 벌금을 받은 적이 있다. 그때 선생은 '반값등록금 대학생 벌금'을 후원하는 주점에 와서 격려 발언을 하고 귀한 후원금을 냈다. 어떻게 그런 행동들이 방송 출연 금지를 받을 사유가 되는가. 대통령은 반값등록금 공약을 실천하라고 발언했다가 오히려 선생이 방송에 출연하지 못하게 됐다. 앞서 2002년 한 보수 논객이 선생을 '친노 종북'이라고 지칭한 일로 명예훼손 소송이 벌어진 일이 있다. 선생이 승소했다. 연예인이나 공인을 그런 식으로 딱지를 붙여 괴롭히면 얼마나 부담스럽고 괴롭겠는가.

김미화 선생이 그들이 말하는 것처럼 정치적 친노에 그쳤다면, 2003년 노무현 대통령이 미국의 요청에 따라 이라크 전쟁에 국군을 파병하는 일을 추진했을 때 찬성했을 것이다. 하지만 선생은 여러 평화 단체와 뜻을 함께하며 파병에 반대했다. 당시 코피 아난 유엔 사무총장이 규정한 것처럼 이라크 전쟁은 국제법상 불법이며 미국이 근거 없이 저지른 전쟁이라고 주장했다. 그해 3월 선생은 국회 앞에서 파병 반대 릴레이 1인 시위에 참여했다. 국군이 다른 나라가 주도하는 침략 전쟁에 동참하는 것을 문명인으로서 도저히 받아들일 수 없다며. 시위 구호는 "대한민국 국회는 저를 전쟁 범죄국 국민으로 만들지 마십시오"였다. 영화배우 정진영과 방은진, 가수 신해철과 윤도현 등이 동참했다.

그 후 선생은 여성 단체들이 주관하는 콘서트나 양심수를 석방해달라는 호소 집회 등에 참여해 격려사를 하고 사회를 맡았고, 공중파 방송 출연 정지는 한동안 계속되었다. 교통방송에서 저녁 8시부터 9시까지 인터뷰 프로그램을 진행할 때였다. 내가 '이철희의 퇴근길'에 출연해 '민생 신문고' 코너를 마치고 나오면 미리 와서 방송을 준비하는 선생과 마주치게 된다. 함께 서서 이야기를 나누다 보면 '이분이야말로 민초들의 삶에 무척 관심이 많은 분이구나' 하는 감탄이 절로 났다.

김여진

나는 2011년 등록금넷과 함께 반값등록금 운동에 집중했다. 대학생들이 등록금을 마련하기 위해 30분 배달제 알바를 하다 차에 치어 죽고, 대형마트 지하에서 위험한 알바를 하다 질식해 죽고, 등록금을 못 구한 학생이 자살하고, 등록금을 마련하지 못한 부모 또한 미안하다고 자살을 하던 시국이었다. 이런 와중에 학생들이 집회로 몰리면서 반값등록금 운동이 전국적으로 뜨겁게 진행되었다.

결국 2012년 국가장학금 제도가 도입됐는데 그것은 반값등록금을 흉내만 낸 사이비였다. 서울시립대는 박원순 변호사가 서울시장이 되자마자 등록금을 절반으로 뚝 낮추었고 무상교육까지는 아니어도 서울시라는 지방자치단체가 책임지는 대학 운영 체제를 만들었다. 당시 반값등록금 운동에 참여해 적극 지지하고 더 나아가 함께 행동한 이가 배우 김여진이다.

MBC 드라마 '이산'에서 이산을 위협하는 정순왕후 역을 맡아 무서운 표정으로 눈물을 뚝뚝 흘리는 열연을 펼친 분으로 연기를 잘한다는 칭찬이 자자하다. 영화 '박하사탕'에서도 주연 설경구의 아내로 나왔다. 이분이 이화여대 91학번인데, 대학 시절 등록금 운동과 민중 생존권 옹호 활동을 했던 분이다. 그때부터 등록금이 얼마나 어이없이 결정되고 사립대학이 어떻게 탐욕을 부리고 비민주적으로 학교를 운영하는지 잘 알고 있었던 것이다.

김여진은 반값등록금 운동에 동참하면서 촛불 집회와 1인 시위를 통해 '반값등록금 꼭 필요하고 대통령은 공약을 지켜야 한다'는 메시지를 내주었는데, 그게 언론에 대서특필이 됐다. 큰 힘이 되었다. 또 당시 야당인 민주당과 민주노동당과 함께 마련한 토론회에도 토론자로 참석했다. 나는 그때 옆에 나란히 앉아 토론하면서 좀 친해졌다.

광화문광장에서 반값등록금을 촉구하는 1인 시위를 마친 김여진과 함께 밥 먹으러 갔을 때다. 내가 2G폰을 쓰는 모습을 보면서 "아니, NGO 활동가가 2G폰을 쓰고 있으면 어떡해요. SNS로 소통할 일이 얼마나 많은데. 빨리 스마트폰으로 바꿔 트위터도 하고 페이스북도 해요"라고 충고하던 기억이 생생하다. [2016]

살맛 나게 하는
정치인들

이철희

민생 운동이라는 게 본인이 직접 해결을 위해 나서지 않더라도
그 어려운 사연을 들어주고 널리 알려줌으로써 많은 이들이 공감
하도록 연결해주는 것도 하나의 방편이다. 그 훌륭한 사례가 이철
희 민주당 의원이자 전 두문정치전략연구소 소장이다.

국회의원이 되기 전에는 JTBC 프로그램 '썰전'에도 오랫동안
출연했지만, 교통방송 '이철희의 퇴근길'(담당 김경래 피디)을
2년 넘게 진행하면서 동시간대 프로그램에서 청취율 1위를 기록
할 정도로 인기가 좋은 방송인이었다. 2014년 12월 말 그의 섭외
전화를 받았다. 억울한 시민들의 사연을 알리는 코너를 맡아달라
는 것이었는데, 수요일 저녁 10분씩 '소비자는 봉이 아닙니다' 제
목으로 편성됐고 그 후 나는 그와 1년쯤 방송을 함께 했다. 시민들
이 일상 속에서 겪는 부당하고 불합리한 일을 에피소드 중심으로
소개하고 그다음 주에 나와서는 그것이 어떻게 해결돼가고 있는

공공적인 것을 조금 더 대중적으로
대중적인 것을 조금 더 공공적으로!

교통방송이 방송의 지향점으로 제시한 목표. 공공적인 것을 조금
더 대중적으로, 대중적인 것을 조금 더 공공적으로.

지 피드백을 하는 구성이었다. 나중에는 이름이 '민생 신문고'로
바뀌고 시간도 18분으로 늘어났다.

과도한 사납금에 시달리는 택시 기사와 제일 열악한 처우를 받
는 마을버스 기사들의 사연을 몇 차례 소개했다. 마을버스 기사가
직접 방송에 출연해 하루 10시간 넘게 일하면서 중간에 화장실 한
번 갈 수 없는 상황을 생생히 설명했고, 우리는 방송이 끝난 즉시
그 내용을 서울시로 보내 사정을 알리고 해결을 촉구했다. 그 외
에도 멀티플렉스 영화관에서 광고를 무단으로 상영하는 문제, 영
화관의 팝콘 고가 판매, 과도한 통신비 등을 계속 다뤘다.

노회찬

노회찬 의원은 대형마트가 동네 골목마다 입점하려 할 당시 반

대 운동에 동참했다. 대형마트가 지역 경제와 동네 중소 상공인들의 생존권을 어떻게 위협하는지 잘 알던 분으로 NGO들과 한편이 되어 싸워주었다. 신용카드 가맹점 수수료 인하 운동을 할 때도 나와서 함께 캠페인을 뛰던 모습도 눈에 선하다.

중소 상공인과 자영업자들이 다급히 호소하던 문제가 바로 비싼 신용카드 수수료였다. 카드 회사들이 재벌 대형마트나 백화점에겐 1퍼센트 안팎의 수수료를 부과하면서 동네 가게처럼 영세한 신용카드 가맹점에는 최대 2.5퍼센트까지 수수료를 차별적으로 부과했기 때문이다. 한 달 매출이 1000만 원이면 신용카드 수수료로 20만~30만 원을 내야 했으니, 안 그래도 월 수입이 200만 원 안팎이었던 자영업자와 중소 상공인들은 월 170만~180만 원으로 살아야 하는 현실이었다. 정말 눈물 나는 일이 아닌가.

또 최근에는 재벌 대기업이 중소 상공인에게 적합한 업종에 무분별하게 진출한다. 중소 상공인에게 맡겨도 되는, 아니, 그래야 더욱 잘 할 수 있는 업종이 있다. 동네 슈퍼, 치킨, 문구점, 서점, 꽃집 등은 중소 상공인이 해도 되잖은가. 대규모 기술 투자나 연구 개발이 필요한 일이 아니라, 열의와 정직한 마음만 있으면 할 수 있는 일이다. 여기에 재벌 대기업들이 들어와서 탐욕스럽게 먹어치운다.

학교 앞 문구점이 1년에 1만 곳씩 없어지던 상황에서 전국문구점연합회와 함께 '대기업은 학교 앞 학생들 학용품 파는 시장에서 철수하라'는 집회도 하고 토론회도 열 때였다. 그때마다 노회찬 의원이 참석해 지지 발언을 했다. 동네에 문방구가 없으면 무슨 재미로 살겠는가. 어렸을 적 아폴로나 뽀글이를 사먹던 이야기도 하면서 중소 상공인들과 끝까지 함께하겠다고 다짐했다.

학교 앞에 문방구가 없어지면 연필 한 자루 사려고 차를 타고 대형마트에 가야 하는 상황이 된다. 그런데 대형마트는 연필 한 자루는 안 판다. 기름값 낭비에 시간 낭비, 한 타스로 사야 하니 과소비까지 하게 된다. 동네 문구점으로 걸어가서 낱개로 사고 그 과정에서 주민들과 만나 이야기도 나누고. 그게 동네에서 사는 맛이고 그를 통해 비로소 지역공동체와 지역 경제가 굴러간다.

제윤경

삶이 힘들거나 가난할수록 사람들이 금융에서 빚을 지게 된다. 문제는 가계가 불필요한 빚을 지면서 과도한 이자에 시달리는 경우다. 다시 말해 국가가 공공 임대주택을 대폭 늘리는 등 복지 혜택을 늘리면 되는 일을 서민들 스스로 감당하도록 떠넘긴 경우다. 지난 박근혜 정권에서는 은행에서 돈을 빌려 전세 보증금을 올려주고 집을 사라는 식으로 서민과 중산층을 빚더미로 내몰았다. 부동산 시장 침체를 막고 건설 경기를 떠받치기 위해 서민들의 삶을 방기한 것이다.

이 문제에 대해 가장 오랫동안 싸워온 사람이 전 에듀머니 상임

이사이던 제윤경 의원이다. 서민 가계 주치의였다. 가정 주치의가 병을 고쳐주는 사람이라면 가계 주치의는 가계 살림의 허점을 치료하는 사람이다. 애듀머니라는 사회적 기업은 서민 가계 주치의 역할을 하기 위해 교육과 컨설팅, 캠페인을 동시에 진행했다. 금융 소비자로서 금융기관 감시 활동을 하고, 대형마트가 과소비를 부추기는 주범임을 지적하며 대형마트에 대한 강도 높은 캠페인을 진행하기도 했다.

가정 경제가 파탄나지 않으려면 제일 조심해야 하는 게 빚이다. 함부로 빚을 졌다가는 눈덩이처럼 불어나는 이자에 결국은 빚의 굴레에서 헤어나지 못하게 된다. 가족이 동반 자살했다는 뉴스가 심심치 않게 나오는데, 상당수의 경우 사채나 도박 빚에 연루돼 있다. 도박은 논외로 치더라도 사채 빚은 생활비가 부족해 생존의 위기에 처한 나머지 어쩔 수 없이 빠져들게 되는 경우가 많다. 처음에는 교육비, 주거비, 의료비, 통신비 등 생활비가 모자라 작은 빚을 지다가 그로 인해 은행에서 신용도가 떨어지고 급기야 대부업체로 내려간다. 대부업체에서도 못 빌릴 상황이 되면 사채에 손을 대게 된다. 그때 극단적인 선택이 벌어진다.

제윤경 의원은 금융기관의 탐욕을 계속 비판하고 견제하는 한편, 서민들에게 금융의 본질을 알리는 교육이 필요하다고 생각했다. 가계 부채를 늘려 한 나라의 경제를 유지하는 것은 서민들에게 일시적인 처방전이 될 수는 있어도 다시 악순환에 빠져 지속 가능한 경제를 어렵게 한다고 강조했다. 금융기관의 폭리와 정부의 소홀한 민생 정책으로 얽힌 구조를 일관되게 폭로하고 비판해 온 사람이다. [2017]

*늘 서민들과 함께하고 경제민주화와 노동 존중을 위해 헌신했던 노회찬 의원이 2018년 7월 23일 타계했습니다. 다시 한 번 명복을 빕니다. 노회찬 의원의 고귀한 뜻을 우리가 잘 살려나가야겠습니다.

민변 30년

　민변 회원도 아닌 일반 시민인 내가 이렇게 민변을 좋아하고 정겹게 생각할 수 있는지, 나 스스로도 놀라움을 감출 수 없습니다. 민변과 함께한 20년이 귀하고 소중해서 그럴 것입니다. 어떻게 보면 민변과의 인연은 30년 가까이 됐습니다. 91학번인 내가 대학 다닐 때만 해도 가두시위가 빈발하고 주위에 시국 사건이 흔했는데, 선배나 동기들이 구속되면 제일 먼저 달려오던 변호사는 어김없이 민변 변호사였습니다. 학생회실 전화 메모판에는 눈에 띄게 큰 글씨로 민변 전화번호가 적혀 있었고요. 522-7284! 그때는 이 번호가 아니었던 것 같은데, 지금도 외우는 몇 안 되는 전화번호 중 하나입니다. '디지털 치매' 시대에 나는 왜 민변 전화번호를 잊지 않고 있을까요?

　그만큼 민변에 자주 연락했고, 억울한 일로 시민단체를 찾아오는 시민이나 시국 사건 피해자들에게 민변 전화번호를 안내하는 일이 많았다는 겁니다. 내가 20년쯤 몸담은 참여연대에는 다양한 문의가 쇄도하는데 그중에는 시민단체가 감당하기 어려운 수준의 법률 상담도 적지 않습니다. 그때마다 민변이나 민변 공익인권변론센터를 소개했습니다. 행여 나 같은 시민단체 간사들 때문에 민변에 걸려오는 전화가 늘어난 것은 아닐까요. 그 생각을 하면 죄송하면서도 고마운 마음이 듭니다.

나는 1999년 1월 참여연대 시민권리국에서 간사 생활을 시작하면서 2000년 총선시민연대 낙천·낙선 운동 법률팀 간사로 사업을 진행하게 됐습니다. 당시 어리숙한 새내기 간사를 하나부터 열까지 챙겨준 분들이 있습니다. 김남근·최영동·이상훈·하승수·이헌욱·김진·이상희·권정순·김진욱·장유식·조숙현 변호사를 잊을 수 없습니다. 최영도·백승헌·박원순·이석태·김창준·차병직·김칠준·이찬진·안식·이광수·김희수·정연순·유남영·김형태·윤기원·김선수·최은순·김호철·조용환 변호사, 이제는 고인이 된 조준희·김창국·김승교 변호사의 따뜻한 응원도 영원히 잊지 못할 것입니다.

이후 참여연대의 민생희망본부, 경제금융센터, 노동사회위원회, 조세재정개혁센터, 사회복지위원회 등에서 동고동락하면서 범국민적 이슈 파이팅에 적극 연대한 분들이 있습니다. 조형수·이광철·양창영·이강훈·성춘일·조수진·박용대·김종보·김종휘·김준우·이동우·류하경·송상교·이소아·한경수·김경민·강신하·

백주선·한범석·윤지영·염형국·박영아·이동구·임성택·김남
주·신종범·김남희·정상영·김우연·김성진·권영국·김상은·이
용우·임영환·신명근·신장식·민병덕·박갑주·김수정·하주희·
이영기·손영실·조동환·강문대·조영선·한택근·송영섭·서선
영·박주민·진선미·설창일·류제성·황희석·최강욱·이재화·박
병언·김정인·서채란·김낭규·박현근·이혜정·김지미·김영주·
성상희·이재정·박태현·송기호·장경욱·김용민·이동직·우경
선·최종연·박정만·김민수·김하나·현근택·박진석·박주현·곽
경란·송병춘·임재성·이원구·강동우·김가연·김수영·김정진·
김태근·김형남·민경한·박지웅·박현정·변선보·서상범·서치
원·신윤경·이대순·이원호·이형준·조일영·정소홍·조광희·조
영관·최재홍·황영민·황필규·김영수·김영준·정남순·이주언·
황정화·이정일·김도형·이용구·오지원·도재형·손난주·배영
근·임자운·강영구·권민경·권영빈·김태선·김태욱·정병욱·한
상혁·이오영·서누리 변호사. 호명하듯 한 분씩 얼굴을 떠올려볼
때마다 고마운 마음이 솟구칩니다.

  일단 생각나는 대로 적어본 분들 외에도 여러 분들에게서 크고
작은 도움을 받았습니다. 민변은 역사의 한복판, 국민들 삶과 투쟁
의 한가운데에 있었습니다. 루이제 린저의 소설 〈생의 한가운데〉
제목을 빌리면, 민변은 지난 30년 '국민들의 한가운데' 있었습니

다. 칠흑 같은 군부 독재정권 시절 반독재 인권 변론을 시작으로, 2000년 총선시민연대, 2002년 심미선·신효순 학생 추모 촛불 시위, 2004년 탄핵무효 국민행동, 2008년 광우병 위험 쇠고기 문제 촛불 항쟁, 2011년 반값등록금 투쟁, 2012년 한미 FTA 반대 범국민운동, 2013년 슈퍼 갑들에 맞선 을들의 반란, 2014년 세월호 추모와 진상 규명 운동, 쌍용자동차·KTX승무원·전교조 등 억울한 해고자 변론 활동, 2016년 가습기살균제 참사 대응과 총선넷 옹호, 그리고 2016·2017년 촛불 시민혁명 전개와 박근혜·이재용·이명박이 구속되는 순간에도 민변은 시민들과 함께했습니다.

사회운동의 최전선에서 동지이자 활동가로 참여하는 한편, 공익 변론을 수행하며 동시대를 함께 살아가는 시민들의 목소리에 귀 기울였습니다. 이 소중한 인연 앞에서 깊은 감사의 마음을 어찌 글로 다 표현할 수가 있을까요.

시민단체에서 활동하는 변호사 중엔 민변 회원이 아닌 분도 종종 있더라고요. 지금 참여연대 민생희망본부장을 맡고 있는 조형수 변호사처럼 민변 회원이면서 대부분의 활동은 참여연대에서 하는 분도 있고요. 언제부터인가 나는 민변 회원팀 간사도 아니면서 그런 분에게 자연스럽게 민변 회원 가입을 권유해왔습니다. 실제로 참여연대 민생희망본부 실행위원인 오영중·이명헌·이상윤·김남국·박종언 변호사에게 민변 회원 가입을 권유했습니다.

민변이 나중에 시민 후원 회원을 받는다면, 아니면 민변 공익인권변론센터 차원에서 공익변론기금을 모금한다면 제일 먼저 후원 회원으로 가입하고 기금도 내고 싶은 사람이 바로 나입니다. 우리 사회의 민주주의가 강고해지려면 좋은 정당과 노동조합, 그리고 시민사회가 활성화되어야 하기에 나 자신부터 여러 시민사회단체를 후원하고 있지만, 아직까지 민변 후원 회원이 되지 못하는 것이 안타깝습니다. 민변 변호사 여러 분이 상근하는 희망법(공익인권변호사모임 희망을만드는법)과 공감(공익인권법재단 공감)에는 진작 후원 회원 가입을 했습니다.

우리 같은 장삼이사 입장에서는 민변의 존재가 큰 힘이 되기 때문입니다. 민변과 함께 사회운동을 해오면서 지켜본 바가 있습니다. 2008년 촛불 집회 당시 집시법 야간 집회 금지 조항의 헌법불합치 결정과 이동통신 원가 정보 공개 대법원 판결도 민변 변호사들과 함께 이끌어낸 것입니다. 특히 민변 민생경제위원회, 노동위원회, 교육위원회, 통일위원회에서 활동한 변호사와 간사들의 은혜가 너무나 큽니다. 민변 변호사들을 나는 마음 깊이 존경하고 사랑합니다.

최근 촛불 시민혁명을 통해 박근혜 정권을 몰아내고 이명박 전 대통령의 구속까지 이끌어낸 데는 민변 변호사들이 시민들의 집회·시위의 자유를 위해 피땀 흘리며 싸운 공로가 큽니다. 무엇보다도 2008년 촛불 집회 때 민변 변호사들이 없었으면 어쩔 뻔했습니까. 당시 촛불 집회에 참여했다 기소된 1000여 명의 시민들을 위해 역사상 최대 규모의 공익 변론을 수행했습니다. 한 단체 차원에서 이토록 많은 공익 변론을 진행한 적이 있었을까요. 당시 촛불 집회에서 활동한 인권감시단·변호인단 변호사들에게 감사의 인사 올립니다.

또 2016년 퇴진행동에 법률팀이 없었으면 어쩔 뻔했습니까. 민변 변호사들로 이뤄진 법률팀은 참여연대 공익법센터와 함께 시민들의 집회·시위·행진 공간을 안정적으로 확보하기 위해 온갖 법률 검토를 맡았습니다. 그리고 박근혜 정권과 재벌 체제 적폐 핵심에 대한 고소·고발을 도맡았습니다. 법률팀장이던 권영국 변호사를 위시해 이덕우·이재화·김인숙·김도희·권두섭·김차곤·김상은·송아람·좌세준·오민애·오현정·강문대 변호사의 수고를 결코 잊지 못합니다.

또 상지대·수원대·덕성여대 등에서 사학 비리 척결을 위해 나선 이들이 있습니다. 이헌욱·이광철·이영기·하주희·손영실·박병언·김정인·김기현 변호사에게도 고마운 마음을 전합니다. 마지막으로 최근 도곡동 땅, 다스, 비비케이 같은 일련의 사건에서 드러난 이명박의 비리에 적극 대응하고 함께 고발까지 했던 민변의 '4김' 변호사에게 감사의 말씀 올립니다. '3김'을 뛰어넘은 '4김' 변호사는 누구였냐고요? 김남근, 김준우, 김종휘, 김종보 변호사가 이명박을 구속하는 데 큰 역할을 했습니다.

이렇게 글을 생각나는 대로 쓰다 보니, 분명히 도움을 받고도 미처 감사 표시를 못 한 분들이 있을까 봐 두려운 마음입니다. 요즘 생각이 많이 좁아지고 기억력이 떨어져서 더더욱 걱정입니다. 하지만 이 글이 내가 느끼는 민변에 대한 고마움의 전부가 아니기에 감히 생각나는 대로 적어보았습니다. 지금은 국회로, 청와대로, 지방자치난제로 자리를 옮긴 분들이 많지만 언제 어디서라도 늘 민중과 시민사회와 함께하리라 믿습니다. 민변이 좋은 일을 많이 하다 보니 최근 젊은 변호사들의 회원 가입이 늘었다고 들었습니다. 정말 잘된 일입니다. 내 일처럼 기쁩니다. [2018]

억울하게
연행되면
나타난다

12월 13일 다급한 심경이 느껴지는 문자메시지가 하나 왔다.

"우리 남편이 연행됐어요."

또 한 명의 무고한 시민이 경찰에 체포됐다. 마침 내가 실무를 맡고 있는 반값등록금 집회에 종종 참여하고 도와주던 이라, 지체 없이 바로 이 사람, 오늘 이야기의 주인공인 이광철 변호사에게 전화를 걸었다. 한 번이라도 경험해본 사람은 알 것이다. 갑자기 경찰에 연행되거나 체포됐을 때 그 막막함. '아, 아는 변호사라도 한 명 있었으면…' 하는 간절한 마음을 잘 알기에 곧바로 '아는 변호사'에게 연락했다

지난 12월 10일 '한미 FTA 날치기 무효 범국민 촛불대회'에 참가했다가 연행된 한대련(21세기한국대학생연합) 학생들을 위해 민변 변호사들의 접견을 조직한 사람도 이변호사였다(그는 민변 대외협력 담당 사무차장이기도 하다). 많은 일정에 쉴 틈이 없는 줄 잘 알면서도 그에게 또 전화한 것은 지금 그만큼 시국 사건으

로 갇히게 된 시민들 곁으로 선뜻 달려오는 이가 없기 때문이다. 언젠가 이변호사는 민변 노동위원장인 권영국 변호사를 언급하며 '국민이 부르면 간다'는 권변호사의 좌우명에 감동받았다고 했는데, 그 또한 억울하게 갇힌 이에게 달려가는 것을 일하는 보람으로 아는 사람이다.

2008년 촛불 시위의 소중한 추억을 간직하는 분이라면 이변호사가 보수 언론들에게 '쇠파이프 변호사'로 몰렸던 일을 기억할 것이다. 당시 한 시위자의 변호를 맡으면서 그가 변론 중에 '정부 정책에 반대하다 보면 쇠파이프를 들 수 있는 건 아니냐'는 취지로 말했다는 기사였다. 마치 이변호사가 폭력 시위를 옹호하는 것처럼 보이게 하는 사실 왜곡이었다. 나중에 법원에서 왜곡 보도와 명예훼손이 인정되어 굴레를 벗었지만 그가 겪은 심적 고통은 막대했다.

이변호사는 그런 고초를 겪으면서도 예나 지금이나 변함없이 어려운 처지에 놓은 시민을 위해 경찰서와 검찰청, 구치소, 법정을 제집처럼 드나들고 있다. 차비도 참 많이 들었을 것이다. 발품도 많이 팔았을 것이고. 그럼에도 그는 언제나 급한 연락을 뿌리친 적이 없다. 전화로 그를 급히 찾는 이들은 대개 국가보안법이나 집시법 사건에서 연행되거나 구속된 경우다. 변호사 업계의 말을 빌리면 '돈 안 되는 사건'을 주로 맡고 있는 것이다.

그러니 이변호사를 좋아할 수밖에 없다. 사람들은 내가 학부 시절 법학을 전공했다는 이유로, 2008년 촛불 시위 당시 실무를 맡았다는 이유로 경찰에 연행되면 내게 전화하는 모양이다. 그럴 때마다 변호사 자격증도 없고 아는 것도 짧은 나는 전혀 걱정하지 않는다. 외면할 수 없는 상황에서 연락할 사람, 바로 이변호사가 있으니까. 또 한 분, 그런 일로 전화해 부탁하는 사람이 또 한 명의 민변 변호사 박주민이다(박변호사에 대한 자세한 이야기는 다음 기회에 하겠다).

최근 이변호사는 또 한 명의 '밥풀떼기' 시민을 구해냈다. 반값 등록금 집회에 종종 참여한 한 시민을 검경이 조용히 구속시키려 했던 사건이다. 다행히 구속영장이 기각됐지만 그 시민이 겪었을 충격과 공포를 생각하면 시간이 지났다고 해서 그냥 넘어갈 일이 아니다. 경찰은 반값등록금 집회에 참여한 시민과 학생 250여 명에게 소환장을 발부해 갖은 압박을 가하고 있다.

내가 A씨 측으로부터 연락을 받은 건 11월 1일 오후였다. 그때는 이미 A씨가 집시법 위반과 공무집행방해 혐의로 구금된 상태에서 구속영장이 청구되었고, 다음날 오전 영장실질심사가 잡힌 급박한 상황이었다. 왜 이렇게 늦게 연락했는지 잠시 난감했지만 바로 이광철 변호사에게 전화를 했다. 그랬더니 그는 "마침 내일 아침에 재판이 없다"며 사건을 주저 없이 맡았다. 남은 시간 동안 재판 자료를 보고 준비해서 2일 오전 10시 30분 서울중앙지방법원에서 열린 영장실질심사에서 A씨를 적극 변론했다. 다행히 당일 오후 9시께 영장 기각 결정이 나왔다.

물론 법원도 구속감이 아닌 무리한 영장 청구라고 생각했을 정도로 이번 사건은 일선 경찰서가 '오버'한 사건이었다. 경찰은 영장청구서에 A씨를 아무런 근거도 없이 '상습 시위꾼'으로 몰아가며 시위대를 선동해 폭력 시위를 유발하려 한 것처럼 기술해놓았다. 집회에 자주 나오는 것은 민주 시민으로서 칭찬받아야 할 일이지 국민 세금으로 운영되는 공권력에게 그렇게 비난받을 일이 아니다. 또 A씨는 주거가 분명해 도망할 우려도 없고 두 차례나 성실히 소환 조사에 응한 사람이었다.

영장청구서에는 '밥풀때기'라는 낙인도 나온다. 경찰이 사용하는 은어로, 상습 시위꾼 또는 인도와 차도 등을 오가면서 시위대의 정보원 노릇을 하는 사람을 낮춰 부르는 말이다. 우리나라 검경이 집회에 참여하는 평범한 시민을 어떻게 바라보는지를 알 수 있다.

그렇게 '밥풀때기'로 몰린 시민을 구해주는 '쇠파이프 변호사'가 있다는 것이 얼마나 다행인가. 여러 사회운동 캠페인을 전개하는 시민단체 간사로서는 민변의 모든 변호사들에게 늘 감사하지만, 오늘만큼은 그중에서도 한 사람, 이광철 변호사에게 특별히 감사의 마음을 표한다. [2011]

상상력에 권력을!
: 세상을 바꾸는 NGO 이야기

　미국의 시사 주간지 타임은 2006년 '올해의 인물'로 '당신YOU'을 뽑았습니다. 표지에는 '당신'의 얼굴이 비치는 컴퓨터 모니터와 함께 'You'라고 쓰여 있어요. 적극적인 참여자로 디지털 민주주의를 이끄는 주인공이라는 뜻이죠. 유명 인사를 뽑아온 예년과 달리 이번에는 불특정 다수를 선택한 겁니다. 2011년에 다시 한 번 개인이 아닌 다수를, 즉 투쟁하는 민중들을 선택합니다. 이번에는 '시위자THE PROTESTER'가 뽑힙니다. 그해 세계 각국에서 시위자들의 활동이 가장 눈에 띄었다는 거죠. 튀니지와 이집트에서 오랜 독재 세력을 몰아내고, 미국 월가에서 자본주의의 불평등을 외친 민중의 힘(occupy wall street)에 세계의 이목이 쏠렸습니다.

　2008년 한국에서 올해의 인물을 뽑으라면 단연코 촛불 집회에 참여한 시민들일 겁니다. 흔히 말하는 운동권이나 조직된 단체에 속하지 않는 이들, 보통 시민들이 거리로 쏟아져 나와 사실상 집회 전 과정을 이끌었어요. 집단 지성에 기반을 둔 사회민주주의·참여민주주의 시대가 왔다고 합니다. 1인 시위를 하거나 집회에 참여한 사진을 SNS에 올리면서 민주주의에 대한 관심을 서로 공유합니다. 한국 사회는 다른 국면에 접어들었습니다. 이명박·박근혜 정권이 들어서면서 안타깝게도 일부 퇴행이 계속되고 있지만 한국 사회는 거스를 수 없는 방향으로 가고 있습니다.

총선시민연대가 조직되어 시민들이 낙천·낙선 운동에 나선 때가 2000년이거든요. 정당과 정치인들이 주도했던 이전 선거와 달리 시민이 선거운동 전면에 섰던 그해, 언론은 후보자를 소개할 때마다 소속 정당과 함께 총선시민연대의 지지나 반대 사항을 밝혔습니다. 시민들의 선거운동 참여가 정치의 한복판에 깊숙이 진입하던 순간이었습니다. 그해 2월 인터넷신문 오마이뉴스가 창간됐습니다.

보통 기자라고 하면 어떤 느낌이 듭니까? 좋은 성적으로 대학을 졸업한 소수만 기자를 한다고 여겨져왔는데 시민기자들이 대거 참여한 오마이뉴스가 생긴 이후로는 인식이 달라졌습니다. 오마이뉴스의 모토가 '모든 시민은 기자다'예요. 평범한 시민이 자신의 의견을 대중 앞에서 개진할 수 있는 시대에 어울리는 미디어가 생긴 거죠. 개인 블로그나 트위터, 페이스북에 기반해 활동하는 1인 미디어도 있잖아요. 시민이 언론 개혁에 직접 참여하고, 기사를 만들어 올리고, UCC를 만들어 유통하는 일도 가능해졌습니다.

디지털 민주주의가 심화되면서 전에 없던 다양한 형태의 사회적 기업과 협동조합, 마을 공동체 등이 생겨나고 있어요. 모두 NGO, 즉 비정부기구입니다. 한국 NGO 가운데 세계적으로 제일 유명한 곳은 월드비전인 것 같아요. 세계적으로 유명한 NGO로 그린피스, 엠네스티, 옥스팜, 페타 등이 있는데, 웬만한 나라에는 지부가 있을 정도로 이들은 많은 일을 합니다. 1985년 그린피스의 환경 감시선 '레인보 워리어rainbow warrior'가 남태평양에서 핵 실험하는 프랑스를 막기 위해 가던 중 뉴질랜드에서 폭파되어 침몰한 사건은 유명합니다. 목숨 걸고 투쟁하는 거죠. '무지개를 침몰시킬 수 없다you can't sink a rainbow'는 말처럼 그린피스 활동가들에게 제이, 제삼의 레인보 워리어는 신념의 상징이 되어 있습니다. 방사능 폐기물을 바다에 버리려는 선박에 맞서고, 바다표범 학살을 막아내기도 하며, 쓰나미 피해자를 위해 구호 활동을 펼칩니다.

그런데 2008년 미국산 쇠고기 광우병 위험 촛불 집회를 거치는 동안 채식주의자가 늘고 동물권 옹호 단체와 생활협동조합 운동이 활성화됐어요. 지금 한국에서 가장 규모가 큰 사회단체는 민주노총이 아니라 생활협동조합일 거예요. 한살림과 아이쿱 회원을 합치면 100만 명이 넘습니다. 민주노총 총조합원 수는 70만 명이 안 됩니다[2018년 4월 기준 81만여 명].

요즘에 회원 수가 늘어나는 추세에 있는 NGO는 동물권 보호 단체예요. 인권 보호와 신장을 외치던 데서 동물권 보호로 한 걸

━━━ 그린피스의 북극 보호 프로젝트. 사진 Greenpeace

음 더 나아간 거죠. 혹시 동물보호당이라는 정당을 들어봤는지요? 2006년 네덜란드 총선에서는 동물보호당Party for the Animals 소속 국회의원이 2명이나 당선됐어요. 주요 슬로건은 동물권 보호이지만 사회적 소수자를 위한 활동에도 동참합니다. 비인도적 처우로 고통받는 동물이나 비주류로 소외된 사회적 소수자나 지구 안에서 약자인 처지는 비슷하다는 통찰입니다. 이윤만을 추구하는 기업형 축산업이 광우병을 발병시켰고 구제역 사태의 원인이 됐다는 점을 상기하면 이들의 주장에는 공감할 부분이 많습니다.

한국에도 동물자유연대, 한국동물보호연합, '카라' '케어' 등 동물권 보호 단체들이 열심히 활동하고 있습니다. 카라는 임순례 감독이 대표를 맡고 있고 가수 이효리와 성악가 조수미 등 유명 인사들이 회원이죠. 모피 반대 누드 시위로 유명한 페타(PETA People for the Ethical Treatment of Animals)라는 외국 동물권 보호 단체도 유명합니다. "모피를 입느니 차라리 벗겠다"며 외국에서는 캠페인을 할 때 누드로 나서는데, 한국에서 그러다간 황당하게도 공연음란죄로 잡혀갑니다.

한국에서도 동물보호당이 원내 정당이 될 수 있을까요? "인간도 보호가 안 되는 마당에 짐승부터 보호하겠다고?" 하며 꾸짖는 이들이 있을 겁니다. 사람을 보호하는 '인간보호당'이 절실한 상황에서 환경을 보호하는 녹색당, 동물을 보호하는 동물보호당의 국회의원 배출은 아직 요원해 보입니다만, 언젠가 분명 더 나아진 사회의 희망과 상징이 될 것이라 믿습니다. 네덜란드와 영국의 사례를 보면, 인권 존중이 어느 정도 실현된 사회이다 보니 동물권 운동이 인권 운동 못지않게 중요해졌고, 결국 정당이 창당되고 국회의원까지 당선되는 성과를 내게 된 것이죠. '한 사회의 인권 지표를 알려면 감옥의 현실과 동물의 권리를 보라'라는 말이 있습니다. 죄수의 인권이 보장되고 동물권까지 존중되는 사회라면 보나마나 인권은 잘 보장되어 있을 테죠.

그래서 난 한국에서 동물보호당이 결성된다면 적극 지지하려 합니다. 녹색당도 열심히 응원하고요. 동물과 생태를 사랑하는 많은 시민들이 자신들의 열망을 사회적으로 호소하고 변화를 시도하는 것이 '또 하나의 정치'이고 그런 '가치의 정치'가 한국 정치를 정상화하는 데 크게 기여할 것입니다.

동물권 옹호와 생태주의에서 내가 주목하는 것은 상상력, 즉 자신의 열망을 현실로 바꾸어 놓는 힘입니다. 좋은 사회는 상상력이 넘치는 사회, 구성원 어느 누구도 소수의 위치에서도 꿈을 꿀 수 있는 사회가 아닐까요. 힘센 사람이 판치는 사회는 불공정하고 비인간적일 것이고, 상상력이 꽉 막힌 사회는 기존의 낡은 관념과 기득권 세력의 이기적 논리가 지배하는 사회일 겁니다. 참된 개혁과 진보를 위해서는 기성 질서에 덜 물든 상상력이 필요해요. 68혁명의 슬로건이 '상상력에 권력을L'imagination au pouvoir'인 것도 그런 맥락입니다. NGO는 그런 상상력이 사회에 반영되는 구조를 만들기 위해 노력하는 곳입니다.

한국에는 지금 지부 조직까지 합쳐 2만여 NGO가 활동 중입니다. 사회 현실에 대한 비판도 하고, 모금도 하고, 촛불 집회 나가자고 호소도 하는 그게 다 NGO 활동이거든요. 우리가 살면서 사회의 어떤 현상이나 기능을 보며 "이거 문제다" 하고 불편을 느끼면 거기에는 이미 NGO 대여섯 곳이 달려들어 열심히 활동하고 있습니다. 카페에 가봤더니 화장실이 남녀 분리가 안 돼 공용으로 사용하게 되어 있다면, 사회 한편에선 이미 화장실문화심의연대 같은 화장실 제도와 문화를 개선하는 NGO가 만들어져 활동하는 중일 겁니다. 묘지로 바뀌는 땅이 너무 많아지고 기존의 매장 문화가 문제가 있다고 느끼는 사람들이 늘어난다면, 한쪽에선 장례문화개선 시민운동협의회가 대안을 준비하고 있겠죠. 요즘 전철역마다 스크린 도어가 설치되어 있는데 별것 아닌 것 같지만, 시각장애인들의 잇따른 선로 추락 사고 끝에 장애인 단체와 교통안전 단체들이 해결책으로 제시하면서 만들어진 겁니다. 전철역 승강장에서 선로로 떨어지는 바람에 전차에 치여 숨지는 불의의 사고가 본인의 부주의 탓으로 여겨지던 때가 오래전 이야기가 아닙니다.

NGO는 생활 속 작은 불편이라도 무심코 봐 넘기지 않고 문제를 제기하는 아이디어에서 출발한다고 할 수 있습니다. 달리 말해 상상력이죠. 다른 세상을 만들어내는 힘이 거기에 있습니다. 지금부터는 그 상상력을 촉발시킨 부당함과 피해의 장소를 다시 찾아가봄으로써 NGO가 개입해 시민들의 공감대를 모으는 과정을 하나씩 살펴보려 합니다.

예전에는 전철이 중간에 멈춰서거나 연착해도 안내 방송을 안해줬어요. 그런데 1998년 12월 지하철 2호선이 사고로 30분 이상 역과 역 사이에서 멈춰선 일이 발생합니다. 그때 전차 안에 갇혔던 시민들이 지하철 사고로 회사에 지각하는 등 피해를 입었다며 서울지하철공사를 상대로 손해배상 청구소송을 냅니다. 당시 참여연대가 공익 소송을 해서 1인당 10만 원씩 배상하라는 판결을 받아냈어요. 지금은 전철이 몇 초만 정차해도 바로 기관사가 상황을 안내하고 사과 방송을 합니다. 처음부터 그랬던 것이 아니라는 말이죠.

WTO라고 하면 사람들은 보통 세계무역기구를 떠올리는데 엄연히 '세계화장실기구World Toilet Organization'라는 국제 민간단체가 있어요. 외국인들은 한국에 오면 무엇보다 청결한 화장실을 보고 놀랍니다. 한국 사회가 화장실 문화를 빠르게 개선해나갔거든요. 그런데 화장실을 설계하는 데에는 위생에 대한 관심뿐 아니라 성별에 따른 이용 형태 또한 고려해야 합니다. 그런 의미에서 남자화장실과 여자화장실을 같은 면적으로 해놓은 건 야만적이에요. 영화관이나 유원지, 고속도로 휴게소처럼 사람들 붐비는 곳에 가면 여자화장실 앞에 항상 줄이 길게 늘어서 있죠. 같은 면적이라 해도 여자화장실의 변기 수가 적기 때문입니다. 이를 두고 여성 인권 NGO와 화장실 문화 NGO들이 "차별이고 인권 침해에 해당한다"고 국가인권위원회에 진정을 냈어요. 소변을 참고 30분 있어 보세요. 진짜 죽을 맛이잖아요. 그래서 2004년 제정된 공중화장실법엔 변기 수를 합리적으로 정하는 규정이 생겼습니다. 공중화장실에선 '여성화장실의 대변기 수는 남성화장실 대·소변기 수의 합 이상이 되도록' 설치해야 하며, 특히 공연장과 전시장 등에선 '여성화장실의 대변기 수는 남성화장실 대·소변기 수의

1.5배 이상이 되도록' 설치해야 하죠.

어린이들도 공중화장실 사용에 문제가 있었어요. 아동용 변기가 따로 설치되지 않아 변기에 앉으면 엉덩이가 변기 뚜껑에 빠지는 불편, 변기가 커서 용변을 보기가 어려운 불편 등. 그래서 어린이들도 청원을 냈어요. 어느 곳에? 한국에 '어린이 국회'가 있다는 것을 아는 이들이 얼마나 될까요. 성인, 그것도 노·장년 위주로 국회를 운영하는 것의 문제를 보완하기 위해, 한국은 2005년 이래 어린이 국회 제도를 운영하고 있습니다. 그럼, 전국 어린이 대표들이 모인 어린이 국회에서 통과시킨 법률은 무엇이었을까요?

'지하철 선반을 낮추는 법' '학교 주변 동물 판매 금지 법' '미아 찾기 전광판 설치 법', '어린이 비만 예방을 위한 법' '공중화장실 아동용 변기 의무화 법' 등이었습니다. 왜 어린이 국회가 이런 법률을 제일 먼저 통과시켰는지 곰곰이 함께 생각해봤으면 합니다. 그런데 어린이 국회에서 통과된 법률은 법적 효력이 있을까요? 안타깝게도 효력은 없고 성인 국회에서 참조만 할 뿐입니다. 프랑스에서는 어린이 국회를 통과한 법률은 성인 국회에서 의무적으로 다루게 돼 있어요. 현재 민주공화국의 당당한 구성원이자 공화국을 이끌어나갈 미래인 어린이를 대하는 태도가 우리와는 사뭇 다르죠.

한국 사회를 그동안 누가 설계해왔습니까? 적어도 하나 확실한 것은 지금 투표권이 없는 아동과 청소년은 아니라는 겁니다. 투표권이 없는 이들을 두려워하거나 신경 쓰는 정당이나 정치인이 얼마나 있을까요. 아동과 청소년을 위한 좋은 정책이 나오지 않는 이유죠. 어른 위주 시설, 과중한 보육료, 결식 아동, 아동 학대와 성추행, 급식 사고, 입시 지옥, 두발 제한, 체벌 폭력, 사교육 폐해, 초고액 등록금 등이 해결되지 않는 것도 아동과 청소년의 참정권을 구조적으로 배제한 데서 기인한다고 나는 판단합니다. 이쯤에서 NGO의 목표는 사회의 구성원 모두가 존엄하고, 각자의 권리가 잘 보장되며, 누구나 가급적이면 행복하고 만족스러운 사회를 추구하는 것이라고 말할 수 있습니다.

희망제작소 사회창안센터에서 시민들과 함께 진행한 캠페인이 있습니다. 식품 유통 기한 표시를 보면 글씨가 너무 작고 정해진 기준이 없었어요. 그래서 기한 표시를 개선하자는 캠페인을 했어요. 별것 아닌 것 같지만 제품을 고를 때 기한 표시를 찾느라고 헤매던 생활 속 불편에 주목한 거죠. "글씨를 좀 더 키우고 위치도 제품 포장의 앞면 우측에 표시하자." 그때 캠페인을 진행하면서 아이스크림이나 된장, 소금, 간장, 껌 같은 먹거리에는 기한 표시가 없다는 걸 알았어요. 찝찝하죠. 5년 지난 껌을 씹을 수는 없잖아요. 그래서 예외 없이 유통 기한 표시를 하자고 제안했죠. 2007년 식품의약품안전청은 이를 받아들여 대대적인 개편에 나섭니다. 포장지 구석에 깨알 같은 글씨로 숨어 있던 기한 표시는 소비자가 한눈에 알아볼 수 있게 10포인트로 크기를 키우고, 위치도 포장지 앞면 위쪽에 고정하기로 개정했죠.

예전에 서울 안국동 오거리의 인사동 초입에 유명한 육교가 있었습니다. 장애인들이 인사동에 있는 한국장애고용촉진공단 사무실에 가려면 반드시 그곳을 지나야 했는데, 횡단보도도 없고 육교도 건너지 못하는 까닭에 무단 횡단을 하거나 타인의 차량에 타 이동할 수밖에 없었어요. 2001년 9월 그 철제 육교는 장애인 단체들의 고군분투 끝에 23년 만에 철거되고, 백상예술관과 인사동을 가로지르는 횡단보도가 새로 그어집니다. 얼마나 야만적인 사회입니까. 장애인들이 제일 자주 찾아오는 곳임을 알면서도 공공 기관이 그런 거대한 벽을 수십 년간 방치해둔 것이죠. 반사회적이고 반인권적 행정에 맞서 장애인 단체와 시민단체들이 공조해 거둔 의미 있는 승리였습니다.

장애인들에겐 리프트 없는 지하도도 장벽입니다. 그 리프트도 매우 위험하기만 하고요. 모든 계단형 시설에는 턱 없는 엘리베이터가 설치되어야 할 것입니다. 지금은 장애인들이 경복궁 앞과 인사동 거리, 남대문, 을지로를 횡단보도를 통해 자유롭게 통행할 수 있죠. 그렇게 된 지는 얼마 되지 않습니다. 지금 돌이켜보면 2004년 시청 앞 서울광장을 필두로 여러 곳에 도심 광장을 조성하면서 사람들을 끌어들이고 횡단보도를 만듭니다. 세종로 횡단보도는 광화문 지하도가 생긴 뒤 28년 만인 2005년에야 다시 설치된 거죠. 그전에는 모두 육교와 지하도였습니다. 시내 한복판에는 장애인이나 유모차를 끌고 나온 부모 같은 교통 약자는 접근하지 말라는 처사였죠.

국가인권위원회가 2003년 제작한 〈여섯 개의 시선〉은 평등권과 인권을 침해한 차별 사례를 다루는 여섯 편의 단편 영화입니다. 그중 〈대륙 횡단〉은 주인공인 장애인이 광화문 사거리를 무단 횡단해 경복궁 쪽으로 건너가는 내용입니다. 제목이 말하듯이 장애인에게 무단 횡단을 감행하는 일은 대륙을 횡단하는 것만큼이나 아슬아슬하고 불가능한 일이라는 의미죠. 장애인이 목숨을 걸고 무단 횡단하는 모습은 당시 관객들에게 큰 울림을 주었습니다. 한국 사회가 약자를 배려하지 않는 폭력적이고 일방적인 사회라는 것에 많은 이들이 분개했죠. 걷고싶은도시만들기 시민연대, 장애인편의시설촉진 시민연대, 녹색교통운동 등이 장애인 보행권을 위한 캠페인을 진행했습니다.

우리나라에서 유엔에 등록된 NGO는 경실련, 민변, 참여연대, 여성운동연합 등이 있습니다. 2010년 6월 천안함 사건 당시 참여연대가 국제연합 안전보장이사회에 공개서한을 보낸 적이 있어요. "한국 정부의 천안함 사건 조사 결과는 여전히 풀리지 않는 의문이 많으니, 유엔 안보리가 천안함 사건을 신중히 논의해달라"는 취지의 공개편지였습니다. 그때 극우 단체 사람들이 참여연대에 찾아와 거세게 항의했어요. 온갖 무서운 협박도 자행했고요. 천안함 사건과 관련해 유엔의 공정한 조치를 당부하는 공개편지 하나 썼다고.

보통 NGO들은 유엔에 항의 편지와 의견서 등을 보내는 방식으로 캠페인을 자주 진행합니다. 유엔 입장에서도 시민사회에 유엔의 활동을 잘 알리려면 유엔의 정책과 목표를 지지해줄 NGO의 역할이 중요합니다. 유엔은 NGO를 파트너로 인정하면서 협의 관계를 유지하고 있어요. NGO들은 협의 지위에 따라 유엔에 의제를 제안하거나 회의에 출석해 발언하고 의견서를 제출할 권한을 갖습니다. 공개서한과 정책 제안은 너무나 자연스럽고 정당한 문제 제기 방식이었죠.

또 2000년 당시에는 국립공원으로 지정된 산에 가면 국립공원 입장료와 문화재 관람료를 함께 내야 했습니다. 하지만 국립공원에 갈 때마다 문화재를 관람하지는 않는 이들 입장에서는 문화재 관람료까지 내야 하는 건 부당했죠. 사찰들은 국립공원 안 도로가 사찰 소유의 토지를 지나간다는 이유로 문화재 관람료를 국립공원 입장료에 통합해 강제 징수했습니다. 참여연대 작은권리찾기 운동본부가 문화재를 관람하지 않은 이들에게 문화재 관람료를 징수한 사찰을 상대로 부당이득금반환 청구소송을 진행했고, 2002년 8월 대법원은 참여연대 승소로 최종 판결합니다.

그런데 노무현 정부는 2007년 서민들의 부담을 덜어주자는 좋은 취지로, 또 불교계의 저항을 감안해 문화재 관람료는 그대로 두고 국립공원 입장료를 전격적으로 없앴습니다. 환경·시민단체들은 환경 보호에 써야 하니 국립공원 입장료는 받고 문화재 관람료를 없애야 한다는 취지로 활동했지만, 정반대로 국립공원 입장료가 없어진 것이죠. 어쨌든 서민들 입장에서는 둘 중 하나라도 없어지니까 좋긴 했어요. 하지만 지금도 문화재 관람료를 강제로 징수하는 조계종의 행태는 국민들 사이에서 계속 문제가 되고 있습니다.

2004년 3월 5일 대전 충청 지역에 기록적인 폭설이 내려 경부고속도로 남이분기점 부근에서 차량들이 10시간 넘게 고립된 적이 있었습니다. 도로 중간 분리대를 없애거나 임시 톨게이트를 여는 등 길을 내는 조치를 했어야 했는데, 한국도로공사는 도로가 차량들이 얽혀 정체될 때까지 아무런 조치를 하지 않았어요. 운전자들 240여 명이 한국도로공사를 상대로 손해배상 청구소송을 냈고, 2008년 3월 대법원은 손해배상금을 지급하라는 판결을 내립니다.

2000년 4·13 총선 당일 경기도 광주에서는 이런 일도 있었어요. 휠체어를 탄 한 여성 장애인이 투표하러 나섰다가 막상 동사무소에 도착해보니 난감했어요. 투표소가 2층에 설치되어 있고 휠체어 리프트 시설 등을 안내할 도우미조차 없었던 거죠. 게다가 선거 관리 공무원이 내려와 "다음에 하라"며 고압적 태도로 말했어요. "4년에 한 번 하는 총선인데 이게 무슨 소리냐"고 항의했지만 결국 투표를 포기해야 했죠. 그때 장애인들과 함께 장애우권익문제연구소와 참여연대 등이 공동으로 선거관리위원회를 상대로 소송을 냈어요. '장애인 참정권을 봉쇄하는 2층 투표소'가 법정에 선 거죠. 결국 2002년 대법원은 1인당 50만 원을 배상하라는 판결을 내립니다. 승소한 건 기쁜데 투표권이 50만 원밖에 안 된다니 유감이었어요. 재판부가 참정권을 유린한 공무원들 정신을 차리게 하려면 1인당 1억 원씩 배상하라고 해줬어야죠. 이 사례는 나중에 중학교 사회교과서의 토론 주제로 실리기도 했어요.

결국 NGO의 이론적 배경은 국가의 실패나 시장의 실패에 있을 수밖에 없습니다. 완벽하지 않으니까요. 경제학 교과서 첫 장에 기업의 목표는 뭐라고 나와 있습니까? 이윤이라고 나와 있잖아요. 이윤을 추구하는 기업이 끊임없이 노동자를 착취하거나 소비자를 기만하는 이상 NGO들은 그에 대한 감시를 멈추지 않을 겁니다.

초등학교 6학년 동안 내 가정통신문에는 항상 '주의 산만, 정서 불안'이라고 쓰여 있었어요. 그런데 '정서 불안'이라는 말은 알겠는데 '주의 산만'이 무슨 뜻인지 도무지 모르겠더라고요. 부모님조차 그 말뜻을 몰랐어요. 예전에는 어려운 행정 용어를 많이 썼습니다. 출생 신고나 사망 신고를 늦게 하면 '해태 이유서'라는 걸 쓰라고 했거든요. 내가 왜 해태를 지지하는 이유를 써야 하느냐고 우스갯소리로 반발하는 사람도 있었어요. 해태라는 어려운 단어에서 해태제과나 프로야구 구단 해태 타이거즈를 떠올렸던 것이죠. '해태'는 게으름을 뜻하는 한자어인데, 여기서는 어떤 법률 행위를 할 기일을 넘겨 책임을 다하지 않는 모습을 말합니다. 관청에 신고를 늦게 했다고 이유서를 쓰게 하는 발상도 말이 안 되지만 표현 자체가 너무 어렵잖아요. 그럼, 생활 속에서 쉬운 우리말을 쓰자는 캠페인을 하는 한글문화연대 같은 NGO는 할 말이 있습니다. '신고 지연 이유서'라고 하면 되잖은가. 2007년부터는 동사무소도 주민자치센터로 이름이 바뀌었잖아요. 형식적이나마 이름이 바뀌었다는 건 문제의식의 전환입니다. 동네에서 주민이 주인이라는 말이거든요.

이런 경우도 있어요. 2006년 한 여성이 생리 기간에 수영장에 오지 못하는 기간을 벌충해줘야 하지 않냐고 지적했어요. 자기의 의지와 무관하게 차별받아서는 안 된다는 거죠. 남녀의 차이를 다르게 처우하지 않는 것은 차별이라는 말입니다. 그 후 공공 수영장에서 생리 할인 혜택에 대해 여러 방안이 나왔습니다. 가임기 여성들이 공공 체육 시설의 한 달 회원권을 끊을 때 할인해주거나 기간을 연장해주고 자유이용권을 지급하는 거죠.

지금 우리 사회에는 잘 알려지지 않았지만 조그마한 공익이라도 늘리려는 NGO들이 많습니다. 한국 사회의 저력이죠. 이들이 낮에는 많은 분야에서 캠페인을 하다가 밤에는 촛불 집회로 모여들어요. 시민운동이라는 게 하다 보면 서로 통해 있잖아요. 이런 시민운동이 필요하지 않나요? 생활 속 작은 권리를 찾아냄으로써 누군가에게는 큰 고충일 억울한 일을 해결해나가는 것. 시민운동가는 그런 일을 마다하지 않고 시시포스가 밀어 올리는 바위처럼 꾸준하고 끊임없이 일하는 것이 NGO의 소명이자 보람찬 굴레라고 생각해요. 억울한 시민이 한 명도 없을 때까지, 불합리한 처우를 받는 사람이 한 명도 없을 때까지 끝까지 가는 거죠. 그날이 언제일지는 알 수 없지만 쭉 가는 거죠. 그러다 보면 분명 좋은 사회, 따뜻하고 정의로운 사회가 성큼 다가와 있을 겁니다. [2018]

수첩에서 꺼낸 글

— 사진 오승훈

멀티플렉스(복합상영관) 3사가 8일 간격을 두고 영화 관람료를
1000원씩 올렸다. 어떻게 금액 차이도 없이 시기도 비슷하게 올
릴 수 있지, 부당한 공동행위가 없지 않았다면…. 문제는 이 영화
관들 아니면 갈 곳이 없다는 것이다. 멀티플렉스가 전국에 걸쳐
극장 수의 85퍼센트, 스크린 수의 95퍼센트, 좌석 수의 97퍼센트

를 차지한다. 절대적인 영향력이다. 영화관에서도 대기업의 지배를 받을 수밖에 없다니. ― 2018.04.23.

•

쌍용자동차 최종식 사장님께.

사장님, 너무 늦은 정의는 정의가 아니라는 말이 있습니다. 마찬가지로 너무 늦은 복직은 복직의 의미를 매우 퇴색시킬 것입니다. 그럼에도 저는, 많은 국민들은 너무 늦은 복직이라도 이제는 부디 무조건 복직 약속을 이행해주실 것을 당부 또 당부합니다. 그래서 수많은 사람들이 묻는 질문을 저도 함께 드리겠습니다. 지난 2015년 쌍용차 사 측이 약속했던, 2017년 상반기까지 해고자들을 전원 복직시키겠다는 합의는 언제쯤이나 이행하시려는지요?

모든 해고자를 복직시키겠다고 약속한 2017년 상반기를 넘어 벌써 2018년 상반기도 한참 지나가고 있습니다. 지금 쌍용차 사 측은 약속을 어긴 것은 물론이거니와 남은 120명을 언제까지 복직시키겠다는 확답을 하지 않고 있습니다.

쌍용자동차 해고 노동자 전원 복직을 염원하는 시민 릴레이 단식 19일차. ― 2018.04.22.

•

사외 이사를 10년 이상 재직했다면 사실상 사내 이사가 됐다고 볼 수 있다. 회사 내부인이 다 되어 기업 입맛에 따르면서 어떻게 감시·견제 업무를 진행할까. ― 2018.03.18.

•

전국 사찰 중 67곳에서 문화재 관람료를 1000원에서 5000원까지 받고 있다. 문화재 관람료 징수 여부에 따라 지역공동체가 영향을 받는다. 사람들은 같은 속리산 안에서도 문화재 관람표를 받는 충북 청주와 보은 지역은 가지 않고 관람료를 받지 않는 경북 상주 쪽으로 발길을 돌린다. 자연히 상주 상권이 살아날 수밖에. — 2018.03.17.

•

돌이켜보면 이명박, 그는 정치를 시작하기 오래전부터 지금까지 대부분 피의자 신분이었다. 부패와 비리 행위에 얽힌 추문이 그의 주위를 늘 따라다녔다. 그렇게 수십 년 동안 피의자로 살기도 쉽지 않았을 것이다. 그는 늘 불법과 부당한 이권을 끼고 살았다. — 2018.03.14.

•

치즈 통행세라니? 본사가 가맹점에 피자의 원료인 치즈를 공급할 때 중간 업체를 거치게 하는 방법으로 이익을 빼돌리고 치즈 가격을 부풀리는 수법. 그동안 대표적인 갑질로 지적받아온 가맹 본사의 치즈 통행세 등에 대해 증거 불충분으로 무죄 선고가 나왔다. 30만 가맹점주에게는 매우 중대한 사건이었다. — 2018.01.30.

•

"왜 민간 기업 일에 난리를 피우냐?"는 정치인들이 있다. 그냥 한 기업에서 생긴 비리 문제였다면 국민들이 이렇게까지 관심을 갖겠는가. 한 기업의 탄생부터 운영까지 권력을 악용해 온갖 비리를 저지른 자가 서울시장이 되고 대통령까지 된 이 과정을 복기해 다시는 이런 일이 생기지 않도록 하자는 것 아닌가.
— 2018.01.22.

•

어제는 제주 특성화고 이민호 군의 영결식. 현장실습을 나간 학생은 실습비 개념이라고 생각하지만, 업체 측은 임금을 준다고 생각하고 부려먹는다. 특성화고와 마이스터고 사이에 경쟁이 치열해지면서 학교는 예산 지원을 받기 위해 무조건 취업률을 높이는 데 몰두한다. 취업률로 특성화고를 평가해서는 안 된다.
— 2017.12.07.

•

현행 형법 185조(일반교통방해죄)는 '육로 등을 불통하게 하거나 교통을 방해하면' 10년 이하의 징역 또는 1500만 원 이하의 벌금에 처한다고 규정한다. 경찰은 이 조항을 집회·시위 참가자들에 적용해오고 있다. 집시법을 적용하면 현장에서 연행할 수 없는 경우라도 일반교통방해죄를 적용하면 영장 없이 체포할 수 있다는 점을 악용한 것이다. — 2017.09.27.

•

박근혜도 이재용, 김기춘, 최순실도 구속되는 세상인데 '우'가 얼마나 힘이 세면, 비호하는 세력이 얼마나 있기에 이렇게 번번이 기각되는가. 검찰이 여전히 제 식구를 감싸는 게 아니라면, 그의 라인이 여전히 검찰 내부에서 건재하거나 그가 검찰 수뇌부의 약점을 쥐고 있는 것이 아닌가. ― 2017.04.12.

•

김기춘이 구속되고 이재용이 구속되고 박근혜가 탄핵된 이 현실이 지금도 믿기지 않는다. 3월 18일, 범국민대회를 시작한 지 21주 만에 처음으로 토요일 집회가 없었다. 그 빈자리가 너무 생소하다. 어떤 이들은 '멘붕'이 왔다고 한다. 서운한 마음도 있다. 집회가 없어서 아쉬운 이들은 3월 28일 21차 범국민대회에 참여하기를 바란다. ― 2017.03.20.

•

파면 결정이 나온 날 청와대에서 바로 나오지 않고 12일 오후 7시경 퇴거했다. 탄핵이 기각될 것으로 생각하고 그동안 준비를 하나도 안 한 사실이 이참에 드러났다. 그렇다 하더라도 바로 청와대를 떠나 사저로 향했어야 했다. 그렇게 기본 없는 사람이 대통령까지 했다는 사실에 화가 난다. 끝까지 기각되리라고 착각했다는 것도 우습지만, 파면 결정이 나온 순간 대통령이 아닌 자가 국가 주요 시설인 청와대에 남아 있었다는 것이다. 늦어도 그날 밤에는 나왔어야지. 헌법재판소의 결정을 깔아뭉개고 이틀을 더 그곳에서 머물렀다. 마지막까지 사과 한마디 하지 않고 추종자들에게만 웃고 악수를 한 뒤 걸어 나오는 모습은 볼썽사납다.
— 2017.03.13.

．

　오전엔 5000명가량 모였던 시민들이 때가 가까워오자 2만 명까지 늘어났다. 평일인데도 휴가를 낸 시민들이 안국역 헌법재판소 앞에 잔뜩 모였다. 이정미 권한대행의 탄핵소추 설명에 다들 신경을 곤두세웠다. 초반에 계속 '그러나'가 나올 때는 모두 가슴 졸였다. 여기저기 탄식도 쏟아졌다. 그러다가 최순실 게이트를 언급하는 대목에서 '파면'이라는 말이 나오자 나도 모르게 눈물이 나고 소리를 지르고 또 시민들을 부둥켜안았다. 그리고 나서 세월호 참사 문제가 탄핵 사유로 받아들여지지 않은 것을 알게되었다. 세월호 가족들은 기뻐서 울다가 그 때문에 서럽게 가슴을 쳤다. 많은 이들이 그 자리에서 함께 울었다. 그리고 청와대로 행진했다. 점심시간이었다. 인근 주민과 직장인들이 구경 나왔다가 행진 대열에 동참하는 모습, 영원히 잊지 못할 광경이었다. — 2017.03.10.

．

　탄핵은 반드시 이루어지겠지만 박근혜 범죄 비호 세력이 무슨 일을 저지를지 모르는 상황에서 탄핵 일정이 3월로 넘어가는 것은 위험하다. 지연된 정의는 정의가 아니다. 엄동설한에도 100일이 넘는 기간 동안 촛불을 들고 나온 시민들의 고통을 덜기 위해 헌법재판소는 밤을 새워서라도 2월 안에 탄핵 결정을 내려야 한다.
— 2017.02.10.

　　•

서민들이 버티다 맨 나중에 해지하는 것이 적금이다. 가처분 소득은 제자리고 당장 생활비가 급하다 보니 손댈 곳은 적금과 보험밖에 남아 있지 않다. 5대 은행에 따르면 적금 중도 해지율이 2016년 말 기준 45.3퍼센트로, 전년 말보다 2.9퍼센트포인트 올랐다. 보험 해지 환급금도 역대 최대 규모를 기록했다.
— 2017.01.18.

　　•

희생자만 780여 명. 관련 환자는 2016년 7월 22일 기준 정부에 신고가 접수된 이들이 3270여 명에 달한다. 여전히 정부에 신고하지 않은 희생자가 더 있을 가능성을 감안하면 가습기 살균제는 앞으로 '가습기 살인제'라고 불러야 마땅하다. 정부의 관리·감독하에 시판된 제품이 황당하고 애통하게 균을 죽인 것이 아니라 사람을 죽였다. — 2016.08.12.

　　•

우이독경이다. 개악이 분명함에도 '박근혜표 노동 정책'이 비정규직과 청년들을 위한 대책이란다. 박대통령은 얼마 전 "태산이 높다 하되 하늘 아래 뫼이로다. 오르고 또 오르면 못 오를 리 없건만 사람이 제 아니 오르고 뫼만 높다 하더라"라고 읊으며 또다시 개정 노동법 처리를 압박했다. 거기에 답한다.

"대통령이 높다 하되, 국민 아래 복僕이로다. 섬기고 또 섬기면 못 깨달을 리 없건만 대통령이 제 아니 섬기면서 국민들만 탓하더라." — 2015.12.27.

•

공정거래위원회에 신고한 불공정 행위가 2013~2014년 2년간 30건이 넘는다. 멀티플렉스 세 곳이 팝콘 값을 부풀린 것을 불공정 거래 행위로 신고했으며, 에너지 관련 공사 세 곳이 광물, 석유, 가스 등 자원 외교라는 명목으로 막대한 예산을 사용한 것도 신고했다.

갑을 문제가 대두되면서 중소상인, 학생, 세입자 등 여러 시민들에게서 연락이 온다. 지난 일주일간 휴대폰에 등록한 연락처만 284개다. 통신 대기업의 배를 불리기 싫어서 여태껏 2G 폴더폰을 사용 중인데 연락처 용량 3000개가 다 차서 스마트폰을 개통해야 할지 고민 중이다. — 2015.03.16.

•

서울중앙지방검찰청이 이명박 전 대통령이 내곡동 사저 부지를 매입하는 과정에서 국가에 10억 원가량 손해를 끼친 혐의 등에 대해 불기소 처분을 내렸다. 그러나 앞날은 누구도 모르는 것이다. 'VIP'를 구속해 처벌하는 그날이 벼락처럼 올 수 있다. 그때를 예비해 그 추악한 범죄의 진상을 파악하고 있는 것도 이 땅에서 살아가는 소소한 재미일 수 있다. 그날을 기다리기만 할 것이 아니라 앞당기기 위해 함께 노력한다면 금상첨화일 것. — 2014.06.21.

•

이명박 정권의 범죄행위 중 하나가 불법 민간인 사찰이다. 장진수 전 주무관은 2012년 3월 감춰져 있던 사실을 폭로해 이 사건에 대한 검찰의 재수사를 이끌어냈다. 하지만 지난해 11월 대법원에서 증거인멸 등에 연루된 혐의로 징역 8월에 집행유예 2년이 확정돼 공직에서 물러나게 되면서, 졸지에 실업자가 됐다. 공무원 연금 수령 자격도 박탈되었다. 그런 그를 돕기 위해 이번에 '장함사(장진수와 함께하는 사람들)'가 출범하게 됐다. — 2014.06.02.

•

어제 국민TV '을아차차' 초대 손님은 전태일 열사의 동생 전순옥 의원이었다. 1960년대, 1970년대 그 고통스럽던 시절 경제발전을 위해 하루 17~18시간 일했던 경험담을 들려주었다. 봉제 노동자, 시다로 근무하면서 밥 먹을 시간을 놓치고 잠도 쫓고 일하다보면 온몸이 공중에 붕 뜬 느낌이 들었다고 한다. 당시 10대 소녀 노동자들이 강제 노동에 시달리며 선 채 소변을 보면서 일한 것이 바로 산업화이자 경제발전의 과정이었다고. 그 대목에서 서로 눈시울이 붉어졌다. — 2014.03.28.

•

이번 대선에서 확인했듯이 풀뿌리 조직이 거의 사라졌다. 야당은 지난 총선의 반만큼만 뛰었어도 대선에서 지지 않았을 것이다. 당원도 아닌 내가 안타깝다. 이재명 성남시장을 만나 이야기해보면, 지역에서 50명가량 활동하는 조직만 만들어도 구의원에 선출된다고 한다. 자기를 위해, 자기와 함께 뛰는 지역 주민을 50명도 안 만들려고 한다는데…. 편하게 정치하려는 행태가 굳어간다. 지역의 소중한 유권자들을 만나 어려운 점도 듣고 생활 속에서 발품을 팔면서 그들을 조직해내야 하는데. ― 2013.03.30.

•

이동흡 헌법재판소장 후보자에 대한 인사청문회가 1월 22일 끝났다. '특정업무 경비'를 개인 계좌에 넣어 보험료나 카드 대금 등 개인적인 용도로 사용했다니. 인사청문회가 온갖 비리와 부조리의 경연장처럼 돼버렸다. 그가 지금 가야 할 곳은 헌법재판소가 아니라 '형사재판소'다. 형사 피고인이 되어 처벌받아야 할 사람이 감히 최고 사법기관의 수장이 되겠다고 나섰으니 통탄할 일이다. ― 2013.01.23.

•

12월 대선이 끝나고 사람들은 진보가 '멘붕'에 빠졌다고 한다. 멘붕 진보. 한 해가 다 끝나갈 무렵인데 다들 밖에 나가기 싫어 집에만 박혀 지낸다. 송년회에도 안 나가고, 송년회 하자는 연락도 오지 않는다. 집 안에서 망연자실 뒹굴다 보면 뼛속 기운까지 빠져나가는 게 느껴진다. 어린 자식의 재롱 앞에서도 고개가 돌려진다. 그러다가 안 되겠다 싶어 글자 하나를 바꾸기로 했다. '멘봉'으로. 멘탈 붕괴에서 멘탈 봉기로. 다시 봉기하자. 파괴된 삶의 현장에서 다시 일어나 요구할 것 요구하자. — 2012.12.

•

전경련 허창수 회장이 제주도에서 열린 전경련 하계포럼에서 "경제민주화가 무엇을 뜻하는지 모르겠다"며 재벌 개혁을 간절히 염원하는 국민들의 바람을 간단히 짓밟아버렸다. 법인세 인상 등 부자 증세에 대해서도 반대의 뜻을 분명히 했다. 거스를 수 없는 시대정신과 유리된 채 살아가는 폐쇄 집단. 그 발언을 듣고 제일 먼저 떠오른 것이 박근혜 의원의 트레이드마크 '줄푸세'였다. — 2012.07.29.

•

지금으로부터 3년 전 온 세상을 뒤흔든 그 사건을 잊을 수 없다. 사회적 슬픔이 무엇인지 처절히 깨닫게 해준 용산 참사. '아, 세상이 힘없는 사람들을 정말 쉽게 죽이는구나' 무섭게 몸서리쳤던 날이다. 용산 참사 진상 규명을 위해 '용산범대위'라는 연대 기구가 만들어졌을 때, 나는 적극적으로 함께하지 못했다. 돌아가신 철거민과 감옥에 갇힌 이들에게 죄송한 마음이 크다. 사건이 벌어진 후 추모 집회 현장에서는 이렇게 적힌 피켓이 여기저기 눈에 띄었다.

"살려고 올라갔다가 죽어서 내려왔다."
"다 같이 살 수 있었는데. 진압이 아니라 구조였다면."

마음속엔 '살인 정권 폭력 정권, 이명박 정권 물러나라'라는 마른 분노밖에 없던 내게, 가슴을 에는 듯한 감성이 담긴 그 피켓들은 큰 울림을 주었다. ― 2012.01.17.

•

오죽하면 20대 80의 사회 정도가 아니라 '1퍼센트 특권층'과 '99퍼센트 서민층'의 초양극화 사회가 됐다는 진단이 나올까. 이제 대한민국을 민주民主 공화국이 아니라 민살民殺 공화국으로 불러야 할지 모르겠다. 민살 공화국, 이 얼마나 슬픈 말인가. ― 2011.11.23.

•

친환경무상급식 풀뿌리국민연대(급식연대)가 무상급식을 호소하는 기자회견을 열고 대국민 호소문을 발표했다. 하위 계층, 그것도 20~30퍼센트 소수만 선별 급식하자는 발상은 최악의 급식 정책이다. 선별 급식은 아무리 당사자들이 모르게 한다 해도 알게 될 수밖에 없다. 차별 급식, 상처 급식이 될 것이다. 하위 30퍼센트 이상 계층에게도 급식비는 부담이다. 또 선별 무상급식엔 학교에서 무상급식 대상자인지 가려내는 비용, 학생이나 학부모가 무상급식 대상자임을 증명하기 위해 서류를 제출하는 비용 등이 든다. ― 2010.05.31.

•

1월 14일 새벽, 취업 후 학자금 상환제 특별법, 한국장학재단법 개정안, 고등교육법 개정안 등록금 관련 3법이 국회 교육과학기술 위원회 전체회의를 통과했다. 시민사회 단체들은 특히 고등교육법 개정안이 통과된 것을 적극 환영하고 있다. 하지만 취업 후 학자금 상환제 특별법과 시행 방안에는 문제점이 많다.

우선, 자격 기준을 평균 C 학점 이상에서 평균 B 학점 이상으로 갑자기 바꾼 것은 가혹한 처사다. 요즘 대학에서는 엄격한 상대평가가 실시되면서 공부를 게을리 하지 않아도 C 학점을 받는 일이 비일비재하다. 또 한 가지, 부도덕한 고리 사채업자들이나 적용하는 복리를 공공적 채무에 적용하는 것 역시 있을 수 없는 일이다. 학생이 취업 후 상환을 시작하기 전까지는 단리를 적용하다가 상환을 시작하면 복리를 적용한다니…. — 2010.01.15.

●

성공회대에서 '엔지오와 사회운동'이라는 교양과목을 진행하다 보니 학생들과 내밀한 이야기를 나눌 기회가 많다. 갓 대학에 입학한 한 신입생이 "입학 때 겨우 학자금 대출을 받아 3월부터 3만 원대 이자를 내고 있는데, 2학기 때 또 학자금 대출을 받아야 한다"며 울상을 짓는다. 또 "그렇게 되면 매달 내는 이자는 두 배로 늘고, 그 돈은 '알바'로 마련해야 한다"고도 말했다. 옆에서 듣고 있던 다른 학생이 "기말고사는 두렵지 않다. 2학기 등록금 500만 원을 마련할 생각을 하니 벌써부터 머리가 아파온다"며 쓴웃음을 지었다. 공포의 2학기가 다가오고 있다. — 2009.06.11.

글을 마치며

부족하나마 이렇게 글을 마치며, 머릿속에는 나 스스로가, 또 시민사회가 해야 할 일들이 가득 떠오릅니다. 촛불 시민혁명에 이은 촛불 대선으로 탄생한 문재인 정부와 여당은 국민들이 2018년 6월 지방선거에서 보여준 변화와 개혁의 열망에 화답하기 위해 최선을 다해야 합니다. 그것은 누누이 말하지만 민주·민생·평화의 희망을 만들어내는 것이겠죠. 이제는 우리 사회의 모든 공적 역량들이 양극화와 민생고를 해결하기 위해 '다 걸기'를 해야 할 때입니다. 국민소득을 늘리고 가계 부담을 획기적으로 줄이는 데 집중해야 합니다. 그래야 내수가 살아 경제 위기를 극복하는 계기가 될 것입니다.

시대에 뒤떨어지고 민심에 부응하지 못한다는 비판에 휩싸인 일부 야당과 정치권에게도 부디 전향적인 자세로 민생 살리기에 적극 동참할 것을 호소합니다. 자살률은 1위, 출산율은 꼴찌로 드러나는 국민들의 고통과 신음 소리가 귓가에 들리지 않는가요? 국민들이 저소득과 장시간 노동 상태에서 힘들게 번 돈이 교육비·주거비·의료비·통신비·이자비로 대부분 빠져나가는 이 현실을 계속 외면만 하렵니까? 무주택 서민과 중소 상인들이 걱정 없이 지내고 맘 편히 장사하도록 주택 임대차와 상가 임대차 제도를 개선해달라는 절규를 언제까지 모른 체하겠습니까?

보통의 서민들도 땀 흘려 일하면 먹고살 걱정이 없는, 아이들 교육비와 노후 대책으로 불안해하지 않는 사회는 언제 올까요. 지금 많은 국민들이 간절히 그런 사회를 학수고대하고 있습니다. 대다수 국민들을 대신해 다시 한 번 책임 있는 모든 분들에게 따져 물어봅니다.

진심으로 바라건대, 촛불 시민혁명의 완성과 촛불 시민정부의 건투와 건승을 빕니다. 그리고 지금 이 순간에도 남북 화해와 한반도 평화를 위해 온갖 애를 쓰는 모든 분들께 깊이 감사합니다. 간난신고, 혼용무도의 고통과 불안을 딛고 우리 국민들이 위대하게 만들어낸 촛불 시민혁명은 반드시 국민들과 함께 궁극적으로 승리해야 할 것입니다. 그것은 정말 아름답고 평화롭고 행복한 나라를 만드는 것일 것입니다. 마지막으로, 최근 너무나 안타까이 우리 곁을 떠난 고 노회찬 의원의 명복을 빕니다. 그분이 꿈꾸었던 서민이 대접받고, 민중이 주인 되는 좋은 세상을 우리 모두가 반드시 만들어가야겠습니다.

지난 10년 안진걸만큼 거리에서 권력과 치열히 싸워온 이도 드물 것이다. 나는 현장에서 만날 때마다 그의 가슴속에서 끓고 있는 불덩이를 느꼈다. 책 제목처럼 그 불덩이는 어떤 추상적인 이념이나 사상을 향한 것이 아니라 우리 곁의 '없이 사는 사람'을 위한 것이었다. 우리는 사람을, 민중을 위해야 한다는 주장을 듣고 곧잘 흥분하다가도, 우리 주변에서 '없이 사는 사람들'과 마주치면 차가운 가슴이 되곤 한다. 그런 모순적인 행동에서 우리는 스스로의 한계를 체감한다. 그러나 안진걸, 그는 내가 지금까지 발견한 몇 안 되는 '늘 뜨거운 가슴을 가진 사람'이다.

일말의 두려움과 귀찮음도 없이 '없이 사는 사람들'을 위해 필요할 때마다 늘 용수철처럼 일어서는 그를 보며, 그의 마음을 들여다보고 싶을 때도 있었다. 드디어 이 책을 보니 조금은 그가 지나온 삶의 역정을 알겠다. 전라도 화순 탄광촌에서 태어난 촌사람 안진걸이 어떻게 가난 속에서도 세상을 바꿀 수 있다는 신념을 마음에 품게 됐는지, 그리고 그 끝없는 낙천성으로 시민단체 활동가로 굽힘 없이 살아왔는지 책은 잘 보여준다. 이 책이 특히 세상에 절망한 젊은이들에게 '세상은 바꿀 수 있는 것'이라는 그의 믿음을 전하길 바란다. ＿최승호 MBC 사장

　　•

늘 유쾌하고 명랑한 후배 진걸이가 책을 낸다고 해서 얼른 읽어보았다. 그동안 치열한 시민사회 운동의 한복판에서 우리 사회의 모순과 권력의 횡포에 맞서 싸운 이야기들이 많이 담겨 있었다. 즉, 이 책은 한 유쾌한 시민과 너무나 불쾌한 사회가 한판 제대로 붙은 싸움에 관한 이야기다. 그러면서 없이 사는 사람들, 서민들을 위한 공정하고 정의로운 세상을 그리고 있다. 모든 사회 구성원들이 인간답고 행복하게 살 수 있다면 그보다 더 즐거운 일이 어디에 있을까. 이 유쾌한 책을 강력 추천한다. ＿장항준 영화감독

되돌아보고 쓰다

1판 5쇄 발행 2024년 12월 24일
1판 1쇄 발행 2018년 9월 4일

지은이 안진걸
펴낸이 임후성
펴낸곳 북콤마
편집 김삼수
디자인 Miso

등록 제2023-000246호
주소 (10449) 경기도 고양시 일산동구 호수로 336 103-309
전화 031-955-1650 팩스 0505-300-2750
이메일 bookcomma@naver.com
블로그 bookcomma.tistory.com

ISBN 979-11-87572-10-7 (03300)

이 도서의 국립중앙도서관 출판예정도서목록(CIP)은
서지정보유통지원시스템 홈페이지(http://seoji.nl.go.kr)와
국가자료공동목록시스템(http://www.nl.go.kr/kolisnet)에서 이용하실 수 있습니다.
(CIP제어번호: CIP2018026165)